12歳からはじめよう

学びのカタチ

佐藤 優 文
西原理恵子 絵

優くん式
「成績アップ」5つの秘密

NHK出版

はじめに

「学びのカタチ」ってなんだろう

最初に自己紹介をしておこう。

ぼくの名前は佐藤優《まさる》。職業は作家、文章を書くことを仕事にしている。新聞や雑誌にも文章を書いているから、毎日がしめきりの連続だ。最近は作家としての仕事以外に、高校生や大学生に勉強を教えることも多い。

でも、最初から作家だったわけじゃないんだ。ぼくは大学院を終えると、外務省の専門職員（外交官）になった。そこでロシア語を勉強して、ソ連という国に関係する仕事をしたんだ。ソ連というのは、いまのロシアの昔の名前だね。正式には、ソビエト社会主義共和国連邦《れんぽう》。これを省略して「ソ連」という。実際に、ソ連に住んで仕事もしていた。

日本に帰ってきたあと、ある事件にまきこまれて逮捕《たいほ》され、「檻《おり》のなか」に入れられて

優くんはね かしこい けど
大人になって いろいろ やらかした人だよ
サイバラおばちゃん
生きてると やっぱね天災みたいな事が 何回もあるんだ
そんな人生で ド派手に すっころんだ時
どうやって 立ちあがるか
Yes
そこに優くん式 勉強が役に立つ んだって
勉強ちょー出来ない サイバラおばさんも読んでみよう

しまった。それもあって外務省を退職して、作家になったんだ。ブッソウなやつだと思ったかもしれないね。でも、ぼくがどうして逮捕されたのか、その背景に何があったのか、くわしい事情は『国家の罠《わな》』という本に書いた。すこし読んでむずかしいと感じたら、高校生や大学生になってからでもいい、ぜひ読んでみてほしい。

この本は、12歳になったきみたちに「学びのカタチ」を身につけてほしいと思って書いた。いままで100冊以上も本を書いてきたけれど、じつは、きみたちの年齢《ねんれい》にむけて直接、話しかけるのははじめてのことなんだ。ちょっと照れくさいんだけど、ぼくを「優くん」と呼んでもらってかまわない。ときには「上から目線」に感じられるかもしれないけど、基本、きみたちの仲間だと思ってほしいんだ。

「新学習指導要領」って知っているかい？

なんでぼくが、きみたちに直接話しかけたいと思ったのか。ちょっとカタい話になるけど聞いてほしい。

いま、学校で教える内容をふくめて教育のありかたが大きく変わろうとしている。

2021年から新しい大学入試の制度がはじまるんだ。

きみたちが将来、大学の入学試験を受けるときには、記憶力だけでなく、知識を使って考える力が求められる。それから、国語や社会などの文科系、理科や数学など理科系、どちらの勉強も必要になる。数学がまったくできない人や、歴史や地理についてぜんぜんわからない人は、大学に入るのがむずかしくなっていくんだ。

また、英語では、「読む力」「書く力」「聞く力」「話す力」という総合的な能力が試《ため》されるようになる。だから、いままでの高校生にくらべて、たくさん英語を勉強しなければならなくなる。

大学入試が変わるのにあわせて、高校や中学校、小学校で教える内容も変わっていく。文部科学省が発表した**「新学習指導要領《しんがくしゅうしどうようりょう》」**という新しい学習内容が、幼稚園、小学校、中学校、高校の順番で取りいれられていく。中学校では、2021年度から、いままでとはちがう教科書で勉強するようになる。

この新しい学習内容の目玉として**「アクティブ・ラーニング」**と呼ばれるものがある。

アクティブ・ラーニングとは、自分から積極的に取りくんでいく学習のこと。すでに授業に取りいれている学校もあると思う。これからは、たんに知識を教わるだけでなく、自分で調べ、考えるような授業が多くなっていくだろう。

学びのカタチは、わずか5つ

こんな状況にどう対応したらいいんだろう？　いままでの勉強のやりかたがもう通用しなくなるなかで、きみたちも、そしてきみたちのお父さんやお母さんもまたとまどっているかもしれないね。だからこそぼくは、状況がどう変わっても影響《えいきょう》をうけないような、**「学びのカタチ」**を、この本できみたちに伝えたいと思っているんだ。

ここでぼくが言うカタチとは、

「ものごとを学ぶ姿勢」

のこと。「型《かた》」と言ってもいいかもしれないね。具体的な知識のことではないよ。どんな勉強にも応用できるし、きみがこの先、受験をしたり、おとなになって仕事をしたりするときにもかならず役にたつものなんだ。

学びのカタチは、わずか5つ。

❶「ワザありの時間管理術」
❷「90分間、机にむかって集中するコツ」
❸「苦手なところ・弱いところを自覚する方法」
❹「スイスイ暗記するための奥の手」

この4つはいずれも基本的なことだよ。でも、おとなでもきちんとできていないことが多いんだ。そして、もっとも重要なのが、

❺「インプットとアウトプットの方法」

いま、アクティブ・ラーニングの話をしただろう。**インプットとアウトプット、この2つをじょうずにこなすことさえできれば、アクティブ・ラーニングだってコワくはない。**他人の意見にふりまわされることなく、自分で考えて判断することができるんだ。

なんで「12歳から」なんだろう?

この5つの「学びのカタチ」を、ぼくは12歳になったきみたちに、ぜひ身につけてほしいと思っている。なんで12歳かって? 中学に入学するまえに、この5つが身についていれば、中学での勉強がとてもやりやすくなるはずだ。きみが中学受験を考えているならば、受験はグンと有利になるだろう。もちろん、中学に入ってからでもおそくはない。中学生のあいだに、学びのカタチをしっかり自分のものにしてほしいんだ。

なぜって、中学での勉強は、高校や大学での勉強の土台となる、とっても大切なものだから。カタチが身についていないままだと、勉強したところでたいした結果は出ないし、そのため勉強ぎらいになってしまうことも多い。

ぼくは、これまでおとなにむけて、いろんな勉強のしかたを伝えてきた。勉強が苦手、という人の話をきくと、たいていは中学生のときの勉強の基本ができてないんだ。

中学生のときに勉強がイヤになってしまい、むずかしい数学を勉強してなんの役にたつんだ、と思って、数学の勉強をあきらめてしまったり、歴史をおぼえたって将来役にたたないだろうと、社会の勉強をしないままおとなになってしまう。でも、社会に出て仕事をするようになると、数学や歴史の知識が仕事に必要なことに気づくんだ。

そういうおとなたちには、中学生の教材をすすめるようにしている。

ぼくが、12歳になったきみたちにむけて本を書いた理由もわかっただろう。中学に入学するまえに「学びのカタチ」ができていれば、しめたもの。おとなになってから教科書をやりなおす必要もない。もう中学生になっていたとしても、伝えたいことはおんなじだ。「12歳から」といったけれど、もちろん、きみが11歳でも、あるいは10歳でもまったく問題はない。むずかしい、と思うところがあったら、お父さんやお母さん、学校の先生といっしょに読んでみてほしい。

この本のあらまし

じゃあ、この本の内容を紹介しておこう。

第1章では、**「学びのカタチ」のうち❶から❹までの方法**を紹介しよう。勉強がきらいな人、苦手な人は、机にむかうことも気が進まないだろう。そういう人のために、もっとも基本的な「カタチ」を知ってもらうのがこの章だ。

第2章では、**❺「インプットとアウトプット」のやりかた**を教えよう。優くんは外務省にいたとき、いろんな国のさまざまな人たちから、うまく情報を引きだすことを仕事にしていた。そこで身についた「優くん式・情報収集術」は、きみたちにだってきっと役にたつはずだ。

情報をインプットしたら、つぎはそれをしっかりと自分のものにして、だれかにそれを自分のことばで説明することにチャレンジしてみよう。これがアウトプットだ。むずかしく感じられるかもしれないね。でも、アウトプットにはコツがあるんだ。コツって何？

それは読んでのお楽しみ。

カタチがわかったところで、つぎは具体的な勉強法に進もう。**第3章**では、中学校の主要5教科（英語、数学、国語、理科、社会）を例に、**科目別にどういう勉強をしたらいいか**をじっくり解説する。きみが中学2年生や3年生で授業についていけなくなってしまったとしても、この章を読めば、おくれを取りもどす方法がわかるはずだ。

第4章は、学校の勉強から離れて、**本好きになるコツ**を教えよう。なんでまた読書？　きみたちのアタマには「？」が3つも4つも浮《う》かんでいるかもしれないね。

学校の勉強もだいじだけど、きみたちの年代では、**もうすこし背伸びした勉強**も必要だ。具体的にいうと、**本をたくさん読むこと**だ。本を読むことで、「学びのカタチ」がさらに強く、しっかりしたものになるよ。

本を読むと、自分の知らないものの見かたや考えかたがたくさんあることがわかってくる。世界には、いろんな人がいて、いろんな考えかたがある。そういうものを吸収すると、自分のアタマで考えることもできるようになる。

この本の最後では、**これからの時代には勉強以外にも大切なものがあること**を話そう。

なんで「読解力」が大切なんだろう？

いま、読書についての話をしたけど、本を読むには、書かれていることばや文章の意味を理解しなくちゃいけないよね。

「意味を理解する」ということは、これからの時代はとくに大切なんだ。

なぜだかわかるかい？　いま、ＡＩ（人工知能）の技術がものすごい勢いで使われはじめている。新聞やテレビのニュースで知っているだろう。囲碁《いご》や将棋《しょうぎ》では、人間はＡＩに勝てなくなってしまった。

ＡＩは、大量の情報やデータをあっというまに吸収できるから、予測するのも得意だ。たとえば、ディズニーランドが混雑する時期や時間帯を予測するなんてお手のものだろう。

新聞や雑誌などは、これから多くの仕事がＡＩやロボットに奪《うば》われるようになるだろうと書いている。もうすでに、単純な仕事、情報を処理《しょり》するだけの仕事は、どんどんＡＩやロボットにおきかわっている。

じゃあ、ＡＩにできないことってなんだろう？　それが「ことばの意味を理解すること」なんだ。

新井紀子《あらいのりこ》さんという数学者がいる。優くんも何度か会って話したことがあるけれど、新井先生はＡＩに勉強させて東大に合格させようとした。でも、その計画はうまくいかなかった。なぜって、東大の入試は、複雑な文章の意味を理解できないと解けないからだ。

その研究をつうじて、新井先生はこれから社会に出る人間には、意味を理解する読解力が決定的にだいじだと考えるようになった。逆にいうと、**ＡＩが幅をきかせる時代になると、読解力がない人間は生きのこれないんだ。**

本を読む力は、学校のテストとちがって、一夜漬《いちやづ》けで身につくようなものじゃない。だからきみたちには、本を読むことに慣《な》れてほしいし、本を好きになってほしいんだ。

「本が好きになってほしい」って言われたって……、と思うかもしれないね。むずかしい漢字ばっかが並んでいる本は苦手。そんなきみのために、第４章では読書への入り口としてマンガの話もしているから、リラックスして目をとおしてみてほしい。優くんだってマンガは大好きだ。おもしろい小説、勉強が楽しくなるマンガや本もいくつか紹介している。

このなかの1冊でもいいから、じっさいに手にとって読んでみよう。

さて、ＡＩ時代には意味を理解する力が大切になると言ったね。「意味を理解する力」をいいかえると、**「人の気持ちがきちんとわかること」**だ。この力をつけるには、本を読むだけではなくて、クラスメートや先生、先輩、後輩などいろんな人と接するなかで、相手を思いやる気持ちをはぐくむことだ。

このことは、本の最後でまた話そう。


きみはもしかすると、お父さんやお母さん、あるいは学校や塾の先生からすすめられてこの本を手にとったのかもしれないね。くりかえすけれど、**ここに書いたことは、きみがこの先、高校や大学に進んでからも、おとなになって仕事をはじめてからもきっと役にたつはずだ。**

どうか、この優くんの言うことに最後まで耳をかたむけてほしい。

目次

1 学びのカタチ① 時間管理

2 学びのカタチ② 集中力

2

「カタチ」のきわめつき、インプットとアウトプット

優くん式「情報収集術」と「表現術」

3 主要5教科の「学びのカタチ」

優くん式「英数国理社」必勝勉強法

1 英語の学びのカタチ

5 おまけ　5教科以外の学びのカタチ

4

読書だって、学びのカタチ

マンガや小説から勉強する方法

1 マンガや小説でも、学びのカタチ

2 本をさがす旅に出よう

ブックデザイン　小口翔平＋山之口正和＋三沢稜(tobufune)
編集協力　斎藤哲也
校閲　大河原晶子
DTP　佐藤裕久

1

まずは「4つのカタチ」を身につけよう

「時間管理術」「集中法」
「自分の弱点を知るコツ」
「暗記の奥の手」

5つのカタチー
スケジュール集中
弱点暗記インプット
アウトプット
全部できたことありましぇん
無理なら7掛け→2割増し
これはさー!
ぐいぐい
脳のメモリーをふやしてー
ざっくりうす目でやっとこう
でいいと思うよ
見えないもんむつかしいものって

「5つのカタチ」について、あらためて解説しておこう

もうすぐ中学に入学するきみたち、あるいは、すでに中学生のきみたちは、不安に思っているかもしれないね。たとえば、こんなふうに――。

「どうやって勉強をはじめればいいんだろう？」
「どの科目も、すごくむずかしそう」
「この先も、授業についていけるだろうか？」

この本の最初に5つの「カタチ」を紹介したね。「カタチ」とは、「ものごとを学ぶ姿勢」であり、勉強の「型《かた》」のことだった。この「カタチ」さえしっかりできていれば、心配することはまったくないんだ。

ここであらためて、5つのカタチをあげておこう。

「5つのカタチ」のポイント

❶「ワザありの時間管理術」
↓時間を管理することができないとアウト！　スケジュールノートをつくってみよう
❷「90分間、机にむかって集中するコツ」
↓集中力がないと、授業にも身がはいらないし、机にむかったところで気が散ってしまう
❸「苦手なところ・弱いところを自覚する方法」
↓これってすごくだいじなこと。弱いところを克服してからでないと、きみは先に進めない
❹「スイスイ暗記するための奥の手」
↓中学の勉強では暗記することがすごく増える。でも、やみくもに暗記したところで身にはつかない。努力してもムダってことになってしまう
❺「インプットとアウトプットの方法」
↓この2つは、これからの時代の勉強のキーワードだと思ってほしい

さあ、どう思ったかい？　「な～んだ、こんなかんたんなことか」と思ったとしたら、きみはもうこの本を読む必要はない。でも、きっと多くの人が「ハードル高っ！」と感じたことだろう。

ぼくは、大学生にも勉強を教えることがある。大学生になってもこの5つが身についていない人は多いし、おとなにも時間管理ができない人、集中力に欠ける人、自分の弱点に気づかない人、勉強の方法がわからない人がたくさんいるんだ。こっそり言うけど、きみのお父さんやお母さんだってあぶないかもしれないよ。

だからこそ、中学生のときに、ぜひこの5つをクリアしておいてほしいんだ。いま勉強をめぐる環境はどんどん変わっていこうとしている。**でも、どんなに環境が変化したとしても、この5つが重要なことはけっして変わらない。きみの一生の財産になるはずだ。**

「カタチ」が身についていないと、どうなっちゃうの？

時間の管理ができないと、計画的に勉強することができない。集中力がないと、机にむかってもダラダラとした時間をすごしてしまうだろう。

自分の弱いところを自覚すること。これはとても重要なことだ。どうしても数学の勉強についていけない。授業を聞いてもまったくわからない。この原因は、じつは小学校のときに算数をきちんと勉強していなかったため、というケースが多い。基礎《きそ》がきちんとできていないという弱点をしっかり把握《はあく》しておかないと、応用に進んだところでまったく身につかない。ムダな努力をすることになってしまう。

ほかにも、たとえば「集中力がないこと」も弱点だ。弱いところを自覚して克服《こくふく》することで、はじめてスタート地点にたつことができるんだ。

暗記することがうまくできないと、勉強ぎらいになってしまう。世の中には「勉強がきらい」な人がおおぜいいる。中学生だけじゃない。おとなにも勉強ぎらいがたくさんいるよ。そういう人たちの共通点は「勉強の方法がわからない」ということ。どうやって勉強すればいいかがわからないと、勉強は教科書やノートを暗記するだけのつまらない苦行《くぎょう》になってしまう。それじゃ、勉強がきらいになるのも当然だ。

もちろん、勉強することのなかには、苦労しておぼえなければいけないこともけっこうある。でも、暗記にもコツや方法がある。コツさえつかめば、スイスイ暗記できて、しかも知識がバッチリ身につくはずだ。

「インプット」「アウトプット」は、聞いたことがあるかもしれないね。最初にもちょっと話したけれど、ここでくわしく説明しておこう。

ぼくが言う「勉強」は、教科書にのっていることだけにかぎられない。「アクティブ・ラーニング」についての話をしただろう。アクティブ・ラーニングのためには、教科書の知識をただ暗記しているだけじゃダメなんだ。ときには新聞に目をとおして、いまこの国で何が起きているか、世界ではどんな出来事が進行しているのかを押さえたうえで、自分なりの意見をもつことがポイントになってくる。

情報は、うんざりするほどたくさんある。そのなかから、

・自分に役にたつことを選びだして理解する⇩**インプット**
・インプットしたことをふまえて、自分の意見をしっかりと相手に伝える⇩**アウトプット**

きみが高校生になっても、大学に入っても、そして社会に出てからも、インプットとアウトプットが、勉強のキーワードであることは変わらない。

以上5つを意識せずにやみくもに勉強をはじめたところで、それはなんの装備《そうび》もせずに登山をはじめてしまうようなものだ。

この章では最初の4つについて、くわしく解説していこう。じっくり読んで、学びのカタチとは何かをしっかりアタマに入れて、じっさいに試してみてほしい。

1 学びのカタチ① 時間管理

3つのポイントを押さえよう

もしきみがいま、中学受験をひかえているなら、入学試験までの勉強のスケジュールをたてているだろう。あるいは、スケジュールをしっかりつくるよう、両親や塾の先生から言われてるかもしれないね。でも、ぼくがここでいう「時間管理」とは、受験勉強のスケジュールづくりとはちょっとちがう。

これからのきみを、いろんな人間関係が待っている。同じクラスの仲間だけではなく、部活に入れば年上の先輩とも接することが多くなるし、塾に通えばほかの学校の同年齢の友だちだってできるだろう。

こうして、きみの行動範囲《はんい》はどんどん広がっていく。部活の時間、友だちといっしょにすごす時間、読書の時間、ゲームやスマホをやる時間……。うまく時間を管理しないと、かんじんの勉強をする時間が脇《わき》に追いやられてしまう。

まずは、そのコツを話そう。時間をじょうずに管理するには、つぎの3つのことを意識すればいいんだ。

1 何かをすることは、何かを失うこと

2 自分にとって何がだいじかを考える

3 意志が弱いことを認める

どういうことかわかるかな？　くわしく解説していこう。

ポイント1
経済学の考えかたを参考にしよう

1つめの「何かをすることは、何かを失うこと」を、経済学のことばで**「機会費用《きかいひよう》」**という。ちょっとむずかしい考えかただけど、だいじなことなので、よく理解してほしい。

たとえば、きみが大学生になって、時給1500円のアルバイトをしているとする。シフトが入っていたある日、転校して長いあいだ会っていなかった友だちが、遊びにくるという。きみはシフトを変わってもらって、友だちとたくさん話して、楽しい1日をすごした。しかし、アルバイトに行っていれば、きみは1500円×5時間、計7500円を得ていたはずだけど、友だちと過ごしたことでその収入を失ったことになる。

このときのアルバイト代が、きみが友だちと楽しくすごしたことの機会費用なんだ。ちょっとむずかしく言うと、「ある行動を選んだばあい、ほかの行動をすれば得ることができたであろう最大の利益」ということになる。

この考えかたを、「時間」にあてはめてみよう。きみがいま、スマホのゲームを3時間もやってしまったとする。このとき、きみは実際には、ほかのことをする3時間を失っているこことになるんだ。

そんなのあたりまえだよ、と思うかもしれない。でも、この考えかたを知っておくと、自分が時間をどう使えばいいのかをきちんと考えられるようになる。

たとえば、定期テストの直前の日曜日が、大好きなゲームの発売日だったばあい、きみはどうする？　ゲームを買いに行き1日ゲームをすれば、その日はとても楽しいかもしれない。でもそのぶん、勉強をする時間はなくなってしまい、テストの結果がとても悪くなる可能性が高いだろう。

同じように、ＬＩＮＥで友だちと話していた3時間を、フルートの練習に使ったとしたら、そのぶんだけフルートが上達するかもしれない。失うのは、たんに時間だけじゃない。その時間を使って得られるものも失ってしまう。

なぜ、そうなるかわかるかな？　それは、だれにとっても1日は24時間しかないから。自分は1日24時間だけど、友だちは26時間あるなんてことはない。中学生だったら、だれにとっても中学生活は3年間しかない。だから時間は平等なんだね。

ポイント2
きみにとって、何がいちばん大切なのか？

このことが、2つめの「自分にとって何がだいじかを考える」とすごく関係するんだ。だれにとっても時間は平等で、1日、1か月、1年に使える時間は決まっている。だから、その時間をどう割りふるかによって、人生は変わってくる。

そう考えたら、自分にとって大切なことに時間を使わなきゃいけない、と思うはずだ。人によって、大切なことはいろいろあるだろう。でも中学生にとって、勉強することが大切なことのひとつであることはたしかだ。

だから、1日のうちに勉強する時間をきちんと確保しないといけない。それをするかしないかで、自分の将来が変わってしまうんだ。

ポイント3
人間は意志が弱い、だったら「習慣」にしてしまおう

ここまで読んで、「よし、じゃあこれからは毎日勉強するぞ」と思ってくれたらうれしいな。でも「言うは易《やす》く、おこなうは難《かた》し」だ。これが3つめの「意志が弱いことを認める」につながってくる。

人間というのは、意志の弱い生きものなんだ。おとなであっても、目先の楽しいことばかりに時間を使って「あのとき、こうすればよかった」と、あとでたくさん後悔《こうかい》する。

いくら「これからはガンバルぞ」と強く思っても、いざはじめると、そのときどきの誘《ゆう》惑《わく》に流されて、やりたいことが長つづきしない。そういう人が圧倒的に多いんだ。

長つづきしない人は、意志が弱いんじゃない。逆に意志の力を信じすぎちゃって失敗するんだね。**意志の力に頼るんじゃなくて、習慣にすることが大切だ。**

みんなは毎日、歯をみがき、顔を洗うだろう。でも、毎朝、洗面台にむかうとき「よし、今日も歯をみがくぞ」と強く思ってみがいているわけじゃない。それはもう習慣になって

いるから、できることなんだ。

だから勉強する時間も、できるだけ歯みがきのように習慣にしてしまうほうがいい。そのために、家族や親しい友だちにも協力してもらおう。塾の先生でもいい。信頼できる人に毎日勉強することを宣言すれば、「約束を守らないとカッコ悪いぞ」という意識がはたらいて、机にむかいやすくなるからね。

勉強するときは、誘惑するものは遠ざけたほうがいい。その筆頭《ひっとう》は、スマホとゲーム。自分の部屋にいると、つい誘惑に負けて、スマホやゲームに手を伸ばしてしまうかもしれない。だから勉強する場所も、自分の部屋ではなく、食卓《しょくたく》やリビングなど、お父さんやお母さんがいるところのほうがいい。このことは、あとでもうすこしくわしく話そう。

自分の意志が弱いことを認めれば、勉強を習慣化するくふうが考えられるようになる。

時間管理をうまくするコツは、

「やるべきこと、やらなければいけないことを習慣にしてしまうこと」

なんだ。

ゲームとスマホは時間ドロボウ

きみたちが夢中になっているゲームとスマホについても話しておこう。

ぼくの考えを言うと、ゲームやスマホは麻薬《まやく》と同じように依存性《いぞんせい》が高い。いちどハマってしまうと、なかなか抜けだすことができない。知らないうちに何時間もたってしまって、時間管理どころではなくなる。勉強の時間はおろか、睡眠《すいみん》時間までむしりとってしまう。ゲームやスマホは、そのぐらいコワいものだということは知っておいてもらいたい。

じっさい、高校生からもスマホにかんしてはよく相談されるんだ。相談してくる生徒たちは、勉強しなきゃいけないと思っている。でも、どうしてもスマホを見てしまう。そうすると、友だちからメッセージが入っていて、友だちとやりとりをしているうちにどんどん時間がすぎていってしまうんだという。

酷《こく》に聞こえるかもしれないけれど、ゲームとスマホをやる時間をきちんと決めて、それ以外のときはできるかぎり遠ざけてほしい。それが無理ならば、**机にむかって勉強するあいだは、ゲームやスマホができないようにしておかないといけない。**

ぼくがよく中高生にすすめているのは、夜の10時から朝の登校時間まで、スマホをお父さんかお母さんに預かってもらうことだ。これも先ほど話した、自分の意志の弱さを認めることと同じ。**夜はスマホを遠ざけることを習慣にする。それがスマホという時間ドロボウから逃げるいちばんの近道なんだ。**

これが、「ワザありスケジュールノート」だ

つぎに、時間管理の具体的な方法を紹介しよう。

まず、みんなに用意してほしいものがある。それは**「スケジュールノート」**だ。どこの文房具屋さんでも売っている、30枚くらいのB5判のノートでかまわないよ。

ノートが準備できたら、左側のページに、1週間でやろうと思うことを箇条書《かじょうが》きにしていく。右側のページには、その日にやったことを書きこんでいく。もちろん、勉強の計画

も忘れずに書きこもう。つぎの見開きに見本があるので見てほしい。

左ページの計画は、曜日ごとに何をするかまで細かく分ける必要はないよ。あくまでも、1週間ぜんたいでやりたいことを書いていけばいい。

でも右側のページは、毎日書きこむようにしよう。なぜ記録が大切かというと、記録を積みかさねていくうちに、1時間でどのぐらい勉強できるかがわかるようになるからだ。計画どおりにいかなかったこともきちんと書きのこしておくと、どこに気をつければいいかが見えてくる。

たとえば読書なら、1時間で何ページぐらい読めるのかがわかれば、計画もたてやすくなる。もしきみが1時間で30ページ読めるなら、240ページの本は8時間かかることになる。そうすると、1日1時間くらい読書すれば、だいたい1週間で読み終わる計算だ。

1週間たった日曜日の夜、左右のページを見くらべて、予定がどのくらい進んだかを確認してみよう。**自分がどんなときに、どのくらい勉強できるか、どのくらいのペースで本が読めるかがすこしずつ見えてくるだろう。**それをふまえて、つぎの月曜日から1週間の予定をたてていく。

これをつづけていくと、左側のページと右側のページの内容がだんだんとかさなるようになっていくだろう。これは、

自分の弱いところがクリアになって、自分の能力を見きわめたうえでペースをしっかりつかむことができた

ということなんだ。

きみにノートをすすめた理由もここにある。横書きのノートなら、右と左を見くらべることができるからだ。

ノートは手書き、これが大原則

きみのまわりのおとなたちは、スマホやパソコンでスケジュール管理をしている人も多いだろう。すごくカッコよく見えるかもしれないね。でも、きみたちにはあえてノートに

●6月4日（月）

『ONE PIECE』89巻を発売日にゲット。勉強は明日から！

●6月5日（火）

理科のノートを3日分まとめて、関連する教科書の19〜25ページまでを読みなおし。1時間半くらいかかった。

●6月6日（水）

部活でつかれたけど、ごはんたべて9時から1時間、数学。問題集はむずかしくて5ページしかできなかった。

●6月7日（木）

『坊っちゃん』を読みはじめた。わからない言葉を調べながら読んだので、はじめは時間がかかったけど、だんだんおもしろくなってきた。今日はバッタのところまでを読んだ。

●6月8日（金）

水曜にできなかった数学にチャレンジ。でも途中でゲームして、気がつくと夜の1時。勉強だと1時間半やってヘトヘトだけど、ゲームだとこんなに続くんだな。

●6月9日（土）

『坊っちゃん』をぜんぶ読んだ。

●6月10日（日）

数学の問題集、やっぱむずかしいので、今日は復習をした。理科は26〜31ページまで読みなおした。

6月4日（月）〜10日（日）に
やりたいこと

- 『ONE PIECE』の89巻、今週中に手に入れたい。

- 先生が授業で紹介していた夏目漱石の『坊っちゃん』が気になる。図書館で借りてみよう。出だしがおもしろかったら、最後まで読んでみようか。

- 朝練、今週は部室のカギ当番だから寝ぼうは❌

- ゲームの時間は1日30分まで。
1週間で3時間半にする。

- 来月はもう期末。中間で成績が悪かった数学と理科を今週は集中的に勉強。
数学は問題集の20ページまでを終わらせる、理科は1か月分の授業のノートをまとめなおしておこう。

自分の手を使って書きこんでいくことをすすめたい。**手書きにすることによって、自分のペースやリズムをしっかり自覚することができるんだ。**手で書くことがいかに大切かは、このあとにもちょっと話したい。

右側のページは毎日書きこむようにしよう、と言ったけれど、ノートづくりのコツはあまりかんぺきにこなそうとは思わないこと。たとえ1日か2日、書きこみができない日があったとしても気にしないようにしよう。空白ができてもいいからとにかく書きつづける。30枚のノートぜんぶを埋めるまで、まずはつづけてみよう。

そうやって自分の行動を記録しておくと、朝何時に起きて、何をして、だれと会ってどういう話をしたか。どこに出かけたか。どんな本を読んだか。あとからいろんなふりかえりができてとても便利だ。たとえば、学校の授業でどこまで進んだのかを記録すると、それじたいがかんたんな復習にもなるはずだ。

みんなの参考までに、つぎの見開きに優くんのスケジュールノートをのせておいた。

自己紹介のときにも話したけれど、ぼくのばあいは毎日がしめきりの連続。だから、まずは左側のページにその月のしめきりをずらーっと書きだすようにしている。そして、左側のページをながめながら、その月の予定をたてて、右側のページに書きこんでいく。

優くんは、いろんなところで講演をしたり勉強を教えたりすることも多いけれど、作家だから文章を書くことをなにより優先したい。だから、しめきりがかさなるあたりには、あまりハードなスケジュールを入れないようにしているんだ。

たとえば2018年の6月4日には週刊誌3つのしめきりが、つぎの5日には新聞や雑誌のしめきりが4つかさなっているだろう。これはたいへんだ。そのため、4日は講演先からの移動日にあてて、ほかの仕事は入れないようにしておいた。移動の時間や、東京にもどってからの時間を使ってゆっくり原稿を書こうと予定したわけだね。

こんなふうに、優くんのスケジュールノートは、きみたちに紹介したやりかたとはちょっとちがっている。でも、左側と右側のページをつかい分けることで、きっちり時間管理をしようとするところはいっしょだよ。

きみたちも自分なりにくふうして、ぜひ「ワザありスケジュールノート」をつくってみてほしい。

2018年6月　日程

1(金) 文化放送　羽田空港→那覇→久米島
2(土) } 久米島高校講義
3(日)
4(月) 久米島→那覇→羽田　A出版社会食
5(火) 病院　B出版社　C出版社会食
6(水) 作家Xさんと会食
7(木) D新聞社、E誌インタビュー　F誌インタビュー、打合せ、G出版社
8(金) H社広報部　京都に移動
9(土) 同志社大学神学部講義
10(日) 教会　京都→関空→那覇
11(月) I新聞、講演、
12(火)
13(水) 那覇→羽田
14(木) 琉球新報、J出版社、K誌インタビュー　L[illegible]議会講演
15(金) 文化放送　作家Mさん　N大学講義　O出版社
16(土) 司馬記念館(東大阪)
17(日) P[illegible]講演会
18(月) 病院　Q新聞社
19(火) 大学病院　同志社大学神学部バス
20(水) 学芸大附属高校　R出版社
21(木) Sラジオ　T出版社　U社広報部
22(金) V社講演　W誌対談　X省幹部　京都へ
23(土) 同志社大学神学部講義
24(日) 教会
25(月) Y出版社対談　Z出版社
26(火) 歯科　α誌対談　β大使　γ社対談会
27(水) δ出版社　ε新聞社講演、ζ新聞社　ηさん対談会
28(木) 琉球新報　θ保育園　大地塾　ι出版社　打合せ
29(金) κ少年院　λ記者
30(土) νレアル　μ高校講義

優くんのスケジュールノート

Date
No.

2018年6月　(しめきり)

1(金) 週刊大衆
2(土) 東京スポーツ
3(日) 週刊現代
4(月) 週刊新潮、週刊東洋経済、週刊SPA!
5(火) 静岡新聞、アサヒ芸能、一冊の本、プレジデント
6(水) 東京新聞、週刊ダイヤモンド、AERA、単行本①
7(木) 琉球新報
8(金) 週刊大衆、みすず、CREA、日刊ゲンダイ、単行本②
9(土)
10(日) 週刊現代
11(月) 週刊新潮、週刊東洋経済、週刊SPA!、メルマガ
12(火) アサヒ芸能
13(水) 東京新聞、週刊ダイヤモンド、AERA
14(木) 琉球新報、産経新聞、[illegible]
15(金) 週刊大衆、[illegible]
16(土) スポーツ報知
17(日) 週刊現代
18(月) 週刊新潮、週刊東洋経済、週刊SPA!、[illegible]①
19(火) 静岡新聞、アサヒ芸能、[illegible]
20(水) 東京新聞、週刊ダイヤモンド、毎日新聞、AERA
21(木) 琉球新報
22(金) 週刊大衆、中央公論、プレジデント
23(土) 創、
24(日) 週刊現代、文藝春秋、
25(月) 週刊新潮、週刊東洋経済、週刊SPA!、メルマガ
26(火) アサヒ芸能
27(水) 東京新聞、週刊ダイヤモンド、AERA
28(木) 琉球新報
29(金) 週刊大衆
30(土) 毎日小学生新聞、[illegible]、[illegible]

時間をうまく管理するための４つのルール

❶ 自分にとって何がいちばん大切なのかを考えて、優先順位をつけていこう

❷ 意志の力に頼りすぎるとアウト。それより勉強することを習慣にしてしまおう

❸ 机にむかって勉強するあいだは、ゲームやスマホができないように、くふうしてみよう

❹ スケジュールノートをつくって、まずは30枚のノートぜんぶが埋まるまで書きつづけてみよう。ノートは手書きが原則

2 学びのカタチ② 集中力

最初に何をやるかを決めておこう

ここからは、実際に勉強をするときの「カタチ」を紹介しよう。
勉強しながら、学校や部活、友だちのことなど、いろんなことを考えてしまうと、なかなか集中できない。そこでまず、勉強に集中するコツを教えよう。

集中するための2つのポイント

1 はじめに勉強することを決めておく

2「ほんとうに集中がつづくのは15分」と考えて机にむかう

いざ机にむかおうと思うと、どうしても「イヤだなぁ」という気持ちになってしまう。それをふせぐには、毎日、最初に勉強することを決めてしまうことだ。

ぼくがおすすめするのは、英語。机にむかって何から手をつけるか迷《まよ》ったとしたら、英語を最初にやるといい。あとの章でくわしく説明するけれど、英語は毎日すこしでもいいから勉強しつづけることが大切だから。

やることが決まっていれば、「何を勉強しようか」と迷わなくていいから、勉強をはじめやすいし、心を切りかえて集中しやすい。

このとき、あまりむずかしいことを最初にやろうとしてはいけない。スポーツでいえば、ウォーミングアップをするような感じで、やりやすい勉強からはじめるといいだろう。

つぎに大切なのは、ペース配分

そうすると、だんだん心も体も、勉強に慣れてくる。ここで2つめのポイント「ほんとうに集中がつづくのは15分」の出番だ。

おとなもそうだけど、1時間ずっと集中力がつづく人など、めったにいない。せいぜい、15分か20分ぐらいしか集中力はつづかないんだ。

1時間なり、90分なりと勉強をつづけるためには、ペース配分を考えないといけない。

だから、手のつけやすい勉強でウォーミングアップをしたあとに、むずかしいことにチャレンジするのがいい。そうすれば、いちばん集中力を発揮《はっき》できる状況《じょうきょう》で、むずかしい勉強に取りくむことができる。でも、むずかしいことをつづけすぎると、つかれがたまってくるだろう。だから、ペースをすこしずつ落としていくことも大切だ。たとえば、最後の20分なり30分なりは好きな本を読む時間にすれば、メリハリがつけやすい。

もちろんこれは一例にすぎないよ。いろいろくふうしながら、自分にとってベストのペース配分を考えてみよう。

「ながら勉強」をふせぐ方法

それでも、どうしても勉強に集中できないというきみ。きみは「ながら勉強」をしていないかい？　ラジオを聞きながら、あるいはインターネットをちらちらながめながら勉強する。これでは集中できないよね。自分ひとりで勉強部屋にこもっていると、人の目を気にしないですむから、ネットをながめたりスマホに手が伸びたりと、集中がとぎれてしまいがち、きみはやりたい放題だ。

そんなきみにすすめたいのが、お父さんやお母さんに協力してもらって、**リビングで勉強すること**だ。そのときには、テレビも消してもらう。人の目のある静かな環境で勉強するのがいちばん。図書館の自習室を利用するのも手だ。

優くんがいま勉強を教えている子に、浜松《はままつ》に住んでいる高校生の女の子がいる。この子のおうちではお父さんの考えで、彼女が小学校2年生のときにテレビを捨ててしまったんだ。ニュースとかは、ラジオで聞けばいいということだね。

それだけではないよ。子ども部屋をつくらないというのがおうちの方針だった。子どもたちは学校を卒業するといずれ独立して、うちを出ていくことになるだろう。子どもたちといっしょに暮らせる期間は短いんだから、そのあいだはそれぞれの部屋にこもることなく、できるだけみんないっしょにリビングルームですごそうということ。でも、子どもたちが勉強するときにはリビングをカーテンで仕切って、静かな環境で集中させる。

そのせいか、彼女は集中力や記憶力もバツグンだよ。

目標は「1日90分、勉強しよう」

家に帰って机にむかい、集中して勉強する。じゃあ、1日どのくらい勉強すればいいんだろうか。

ぼくは、大学生には、1日3時間は勉強することが必要だと言っている。でも大学生たちを見ていると、1コマ（大学での授業の単位）90分の授業でさえ、集中して聞くことができる人はほとんどいない。みんな途中でスマホをながめたり、ノートに落書きしたりしている。大学生だって3時間集中はむずかしいんだから、12歳になったきみたちにはちょっとハードルを下げておこう……というわけじゃないけど、きみたちには「1日90分」を目標としてほしい。

ここでいう勉強には、学校の宿題やテスト勉強以外もふくめていい。読書をしてもいいし、コンピュータが好きならプログラミングの勉強でもいい。つぎの章で話すような、情報をインプットする時間をふくめてもいい。塾に行っている人は、塾の勉強時間も90分のなかに入る。とにかく毎日90分は、机にむかって勉強に集中してほしいんだ。

「毎日90分？　ムリムリ」というきみたちの声が聞こえてきた。でもテレビやゲーム、スマホに使う時間を少なくすれば、90分ぐらいはかんたんに確保できるよ。睡眠時間だってじゅうぶんに取れるはずだ。

もちろん、このあとに話すように、90分というのはあくまで目標であり目安だ。最初のうちは90分間集中がつづかないことだってあるだろう。大切なのは、自分のペースをつかんで、集中して勉強する習慣をつくることなんだ。勉強することが習慣になってくる。つまり、食事と同じように、やってあたりまえのような感覚になってくるということだ。

勉強を習慣にするのは、すぐにできることじゃない。高校生までぜんぜん勉強していなくて、いざ大学受験だから勉強しようと思っても、机にむかう習慣が身についていないと、すぐにダメになってしまう可能性が高い。

社会人でも、学生のときに勉強する習慣を身につけていないと、新しい知識や情報を学ぶことができなくなってしまう。だからできるだけ早いうちに、勉強する習慣をつくっておくにこしたことはない。

ただ、無理をしすぎるのもよくない。ときどき、難関高校を受験するために、1日6時間、7時間も勉強をする人がいる。でも、短期間であまりにつめこんで勉強すると、たとえ合格しても、そこでつかれきって、勉強がきらいになってしまうことがよくある。

マラソンでも、いきなりスタートダッシュしたら、途中でバテてしまう。それと同じこと。勉強は、学生のときだけすればいいものではなく、一生つづく長距離マラソンのようなものなんだ。

計画だおれをふせぐ、とっておきのコツ

「90分はあくまで目標であり目安だ」といったけど、きみたちはまだ「そんなの絶対ムリ」と思っているかもしれないね。そこで、とってもおきのコツを紹介しよう。

まず、1週間で勉強する合計時間を出してみよう。

1日90分×1週間（7日間）で630分。つまり10時間と30分。ということは、1週間の勉強計画をたてるばあいは、この10時間30分で何ができるかをイメージしておくことが重要なんだ。

勉強について、よく「計画だおれ」ということが言われる。せっかく勉強の計画をたてても、いざはじめるとまったく計画どおりにできず、途中で投げだしてしまうことをいう。

計画だおれになってしまうのは、計画にそもそもムリがあるから。つまり、盛りこみすぎなんだ。人間はふしぎなもので、計画をたてる段階では、「自分はこのぐらいはできるはず」と、自分の能力を実力以上に高く見積もってしまう傾向がある。

これは、学生もおとなも変わらない。おとなでも語学や資格の勉強で計画だおれになってしまう人があとを絶《た》たない。あるいは、体力をつけようとジムに通って三日坊主《ぼうず》になる人もおおぜいいる。そういった人たちのほとんどは、計画段階の目標が高すぎることが原因になっているんだ。

じゃあ、計画だおれをふせぐためにはどうすればいいだろうか。つめこみすぎず、実行できるだけの計画をたてることだ。そこで、**「7掛《が》け2割増しの法則」**の出番だ。すこしむずかしいかもしれないけど、説明しよう。

「7掛け2割増しの法則」で、勉強時間をチェック

1週間の勉強時間、10時間30分を計画だおれにしないためには、自分に適した勉強の量を知らなくちゃいけない。「スケジュールノート」をつくるのも、そのために役にたつ。そして、きわめつきが「7掛け2割増しの法則」だ。7掛けというのは、70パーセントのこと。1000円の商品だと、700円が7掛けになる。

まず、土曜日や日曜日など、時間がたっぷり取れる日に、1科目だけ勉強する日をつくってみよう。たとえば、数学の問題集を解くことにする。そこで小休止もふくめて何時間集中して勉強できるか、試してみるんだ。

90分、全力で集中したらもうヘトヘトになったとする。そのばあい、ぼくの経験からいうと、90分の7掛けだから、90×0・7（70パーセント）で63分。およそ1時間が、連続して数学の勉強をつづけられる適切な勉強時間ということになる。つまり、この1時間では、全力の70パーセントにあたる力をふりしぼっていることになるね。

といっても、全力の70パーセントにあたる時間を勉強するのは、けっしてラクチンではないというのがミソだ。これまたぼくの経験からいうと、じつは、全力の70パーセントというのは、ラクにできることの120パーセントの力をふりしぼっていること、つまり2割増しにあたるんだ。

とすると、きみがムリせずに数学に集中できる時間はおよそ1時間。90分という目標には達していないけど、気にすることはない。**なぜって、この1時間は集中せずにダラダラ机にむかっているときよりも、きみのアタマが20パーセント増しでフル回転しているから。**

そのぶん、勉強したことの記憶の定着だってちがうはずだよ。

「7掛け2割増しの法則」は、勉強の時間だけではなくて、こなす量にも使える。たとえば、1時間すごく集中して社会の教科書を読んで、30ページ読めたとしよう。この場合、30ページを7掛けした21ページが、きみが1時間で読める適切なページ数になるし、それは集中せずに読むときとくらべると、2割増しぐらいになっている。

こんなふうに、科目ごとに適切な勉強時間の目安がわかれば、1週間に何をどれくらい勉強すればいいか計画もたてやすくなる。

もちろん、この7掛けの時間や分量は、勉強をつづけていくうちに変わってくる。勉強に慣れてくれば、集中できる時間も増えるし、解ける問題の量、読めるページ数も増えていくだろう。

だから、半年に1回ぐらい、さまざまな科目で「7掛け2割増しの法則」を試してみるといいよ。そうすれば、計画だおれにならずに、勉強をつづけることができるようになるはずだ。

集中力を高めるための3つのルール

❶ 集中して勉強するためには、ペース配分が大切。机にむかって、最初に何をやるかを決めておこう

❷ 「ながら勉強」をふせぐには、リビングルーム、図書館など、人の目のあるところで勉強するのがいちばん

❸ 「1日90分、机にむかう」を目標にしてみよう。でもこれはあくまで目標、「7掛け2割増しの法則」をうまく使えば、計画だおれもふせげるはず

3 学びのカタチ③
苦手なところ、弱いところを知る

ドリル活用法

中学校で授業をうけたり、自分で勉強を進めたりしていくうちに、だんだん勉強しやすい科目とやりづらい科目が分かれてくるだろう。それをそのまま放《ほう》っておくと、やりやすい科目ばかりを勉強するから、苦手科目はますます苦手になってしまうんだ。

なぜ、その科目が苦手になったのか？　それを早めに知ったほうがいい。

自分の弱点を知る勉強としてみんなにすすめたいのは、学校で使う教科書に沿ってつくられている問題集を使うことだ。難関高校受験用みたいな難問集のことではないよ。**基本的でかんたんな問題がいくつものっているような、ドリル形式の問題集を選ぶことがポイ**

ント。

きみがいま中学2年生だとする。2年生の数学のドリルがむずかしく感じられたら、過去にさかのぼって取りくんでみよう。中学1年生のドリルを解いてみる。それもむずかしく感じられたら、小学校の教科書ドリルまでもどる。こうして過去にさかのぼって勉強をしていくと、どのあたりまでは理解できて、どこからがむずかしく感じるようになっているのかがわかる。

そうやって弱点がわかればしめたもの。あとは、弱いところを集中的にくりかえし勉強してそこを理解したうえで、今度は上の学年のドリルに手をつけてみる。こうすれば、苦手意識は消えていくはずだよ。

授業にまったくついていけないばあいはどうする？

ただこの方法は、「この科目、ちょっとむずかしいな」と感じるぐらいの人だったら役にたつ。でも、授業がまったくわからなくて、お手あげ状態の人には、不向きかもしれないね。

ケガや病気でも、自分でリハビリすれば治るものと、専門的なお医者さんにみてもらわないと治らないものがある。まったく学校の授業についていけない科目をどうすればいいか。てっとりばやいのは、塾に通って先生の指導をうけること。塾については第3章でも書いているので、そちらを参考にしてほしいんだけど、塾だとお金もかかるし、いい塾が見つからないばあいもあるよね。

そんなときのために、とっておきの裏ワザを紹介しよう。**「スタディサプリ」**(https://studysapuri.jp/course/junior/v2/)というネット予備校を知っているかい? きみたちのお兄さんやお姉さん、先輩に利用している人がいるかもしれないので、聞いてみよう。

スタディサプリには、英数国理社、主要5教科すべての講座があるよ。どんな内容かというと、たとえば数学だと、関数とか、方程式とか、全体が細かい項目に分かれていて、苦手なところが見つかったら、何度でも授業動画に行って勉強をしなおせるんだ。各教科で練習問題もあり、自分の弱点もよくわかるしくみになっている。

高価な問題集や参考書を何冊も買いこむより、こちらのほうが安くて効果的だ。値段が高いコースを選ぶと、ネット上でコーチがついて、具体的に指導してくれる。
でも、まずは自習用の講座をのぞいてみるといいだろう。

自分の苦手なところを知る2つの方法

❶ドリル形式の問題集で、過去の学年にさかのぼって問題を解いてみよう

❷「授業がまったくわからなくてお手あげ状態」のばあいは、ほかの人の力を借りよう。塾の先生や家庭教師に指導してもらうほか、「スタディサプリ」もおすすめ

4 学びのカタチ④ スイスイ暗記の奥の手

丸暗記には限界がある

つぎに、みんなが苦手な暗記の話をしよう。

中学生、高校生と学年が進むにつれて、どんな科目でもおぼえなければいけないことが、どんどん増えてくる。そうすると、中学までは成績がよかったけど、高校生になって急に成績が落ちる人がけっこう出てくるんだ。

そういう生徒の話を聞くと、中学生のころは、理解できなくても丸暗記すれば点数は取れた、という。高校入試も、同じような問題をくりかえし解いていくうちに、反射神経《はんしゃしんけい》で解けるようになるのだ、と。

たしかに中学までの勉強は、暗記だけで乗りきれてしまう。でも、そういう勉強をしていると、高校では通用しなくなると思ってほしい。**高校の勉強では、丸暗記は通用しない。**理解しながらでないと、おぼえることはできないからだ。

ときどき、いまはインターネットで検索《けんさく》すればすぐに調べられるのだから、暗記なんて必要ないという人もいる。こういうことを言うのは、インターネットやコンピュータのことがちっともわかっていない証拠《しょうこ》。

コンピュータが得意なのは、高校になって急に成績が落ちる生徒のように、意味を理解せず丸暗記することだ。もちろんコンピュータの場合は、人間とちがって、人間じゃ太刀《たち》打《う》ちできないぐらいの量を丸暗記できる。辞書1冊をおぼえるぐらい朝飯前《あさめしまえ》だろう。

でも、人間のように意味を理解して暗記していないから、自分で考えることはできないんだ。

逆にいえば、**丸暗記で勝負するかぎり、人工知能のようなコンピュータに勝つことはできない。**意味を理解し、自分で考える。そこに人間の強みがあるんだね。

でも、ものごとを筋道たてて考えるためには、最低限、暗記しなければいけないことがある。その最たるものはことばだ。ことばをおぼえなければ、ぼくたちは考えることなんてできやしないんだから。

その意味で、中学校や高校で習うことは、考えるためにおぼえなければいけないことだ。何もかもコンピュータで調べていては、調べるだけで時間がなくなってしまって、考えることができなくなってしまう。考える力の土台の部分は、どうしても暗記することが必要なんだ。

脳がやわらかいうちに、メモリーの容量を大きくしよう

丸暗記は通用しないと言ったけど、それはきみたちが高校生になってからのこと。それに、「理解→暗記」というのはなかなかハードルが高いだろう。

きみたちは、まずは教科書の内容をすこしずつ、着実に暗記することを目標にしよう。中学生のときに土台をしっかりかためておくことだ。

さいわい、12歳になったきみたちのアタマは、とってもやわらかくて、いろんな知識をスイスイ吸収することができる。そんなときにこそ、脳のメモリーの容量を大きくしておけば、それは一生モノになるよ。スマホとかクラウドとか、脳の外に知識を蓄《たくわ》えておけば、記憶する必要はないなんて、おとなたちはカッコいいことを言うだろう。でも、それって、彼らのアタマがもうカッチンカッチンになっちゃっているからなんだ。「外づけ」の器械《きかい》に頼らないともうお手あげってこと。

きみたちは、まずはせっせと暗記すること。そのためのとっておきの方法を教えよう。

まずは音読からスタート

最初にすすめたいのは、**教科書の音読をくりかえすこと。**

音読は黙読《もくどく》（声に出さずに読むこと）にくらべて理解度が高くなり、読んだことがしっかり記憶にのこりやすい。黙読ではわからないことが、声に出して読むと理解できるんだ。

でも一度読んだだけでは、時間がたつと忘れてしまう。だからあまり時間をおかずに、もう一度音読をくりかえす。**1冊の教科書について、3回音読すれば、自然と教科書の内容がアタマに入ってくるはずだ。**

このとき、教科書1ページをどのぐらいで音読できるか、時間を計ってみるといいよ。きみが1ページを読むのに3分かかるとしよう。だとしたら、教科書が250ページならば、およそ750分（12時間30分）で音読できることになる。この時間がわかれば、勉強の計画もたてやすいだろう。

また、音読しているときに意味のわからないことばがあったときは、音読を終えたあとで、辞書を引くようにしよう。辞書の使いかたについては、つぎの章でくわしく解説しているので、そちらを読んでほしい。

スイスイ暗記の2段階作戦

3回も音読するなんてめんどうくさい、と思うかもしれないね。そんなきみにすすめたいのが、**ディクテーション**だ。教科書を音読して、それを録音する。録音した内容を聞きながら、それをノートに書きとっていくんだ。順番は、こうだ。

「声に出して読む」→「聞きとって理解する」→「自分の手で書きとめる」

口と耳と手を使うことで、記憶はしっかり定着、バッチリ理解できるようになっているはずだ。

スケジュールノートのつくりかたを解説したときに、手で書くことが大切だって言ったよね。人間って、目で見るだけじゃなくて、口に出したり、耳で聞いたり、手を使ったり、からだ全体を使ったことはしっかりアタマにのこるようにできているんだ。このことを忘れないでほしい。

でも、教科書のすべてをディクテーションしていたら、たいへんな時間がかかってしまうだろう。ディクテーションは、ほんとうに重要なところ、ここだけは暗記しないとアウト、というところにしぼって、それ以外のところは音読作戦で切りぬける。この2段階で行ってみよう。

ステップ1　教科書を声に出して読む
ステップ2　とくに重要なところは音読を録音して、それを聞きながらノートに書きとっていく

スパイ式記憶術は「見ておぼえる」

いま話した方法は、口や耳や手を使って暗記する方法だった。もちろん、見ておぼえること、つまり「視覚」だって重要だよ。

優くんは外務省にいたとき、ソ連で情報収集の仕事をしていた。この仕事を外務省では**「インテリジェンス」**といっていた。日本語でいうと、諜報《ちょうほう》活動。相手の情報をひそかにさぐって知らせることだ。映画に出てくるスパイみたいでカッコいいだろう。

でも、じっさいは新聞を読んだり、外国のさまざまな偉《えら》い人たちからいろんな情報を聞きだしたりして、それを取捨選択《しゅしゃせんたく》して、日本にとって役にたつ情報へとまとめあげること。

どちらかというと、地味《じみ》で根気《こんき》のいる仕事だったんだ。

優くんがこの仕事をやっていたとき、ソ連という国はさまざまな矛盾《むじゅん》に直面して、まさに崩壊《ほうかい》しようとするところだった。そこで毎日、官僚組織《かんりょうそしき》のトップにいる偉い人たちと会って、彼らからソ連がいまどんな状況にあるのか、情報を仕入れようとしたんだ。

「これはおまえにだけこっそり話す重要な情報だ。マサルだからこそ話すんだ。だから、けっして録音するな。メモもとるな」

さあ、優くんは困った。日本にきちんとした情報を伝えるためには、正確に暗記しなければいけない。

そんなときには、**耳で聞くだけではなくて、映像として記憶するようにしたんだ。**つまり、相手がどんなスーツを着て、どんな色のネクタイをしめて、どんな身ぶり手ぶりをまじえて話したか、そのときテーブルの上に何がのっていたか……そのぜんたいを「見ておぼえる」。そうすると、ふしぎに相手が話したことも、映像といっしょにしっかり記憶にのこった。

「記憶したいことは視覚化する」。じつをいうと、これはインテリジェンスの訓練として、いろんな国で採用されている方法なんだ。

『KGBスパイ式記憶術』という本がある。これは、ロシアで諜報部員を養成する学校、つまりスパイスクールでおこなわれている記憶術を紹介した本だ。

きみたちにだって役にたつことがたくさん出ているから、本屋さんや図書館で手にとってみるといいだろう。

教科書だって「見ておぼえる」

『KGBスパイ式記憶術』の最初の章では、視覚を使って記憶力を高めるための、こんな方法をあげている。


机の上にある物を見てみたまえ。そこにある物すべてに注意を払うのだ。何がどこにあるか？　どのように置かれているか？　一つひとつの特徴は？　色、質感、傷は？

では目を閉じて、まず机を想像してみる。次に、机の上の物を一つずつ思い描くのだ。細かい点までイメージしてみるのだ。イメージできない場合は少しの間だけ目を開け、思い描くのが難しかった物を見てから、また目を閉じてイメージし続ける。

（『ＫＧＢスパイ式記憶術』岡本麻左子訳、53ページ）

この方法を教科書の暗記に応用してみるんだ。社会の教科書のページを開いて、歴史のところを見てみよう。

見開きの左ページの上に、歴史上の偉人の写真が出ている。右側のページの下には、年表がのっている。写真のすこし下に重要人物の名前が太字で、年表の下には「●●●●年に○○が起きた」ということが、やっぱり太字で印刷されているとするね。そんなレイアウトをしっかり見てから、**目を閉じて、重要なポイントから心に思い描《えが》けるかどうか、確かめてみるんだ。**これをくりかえしていくと、写真や年表、グラフなどの視覚情報といっしょに、年代や人の名前が記憶に焼きつくはずだ。

スパイ養成の訓練で使われている方法を、きみの勉強に応用する。ちょっとカッコいいだろう。

スイスイ暗記のための3つの鉄則

❶ 暗記するためのいちばんの方法は音読。1冊の教科書を3回音読すれば、自然と内容がアタマに入ってくる

❷ 教科書でとくに重要なところは音読を録音して、それを聞きながらノートに書きとっていく

❸ 見ておぼえることだってできる。教科書の見開きページを目に焼きつけてから、目を閉じて、重要なポイントから心に思い描けるかどうか、確かめてみる

5 教科の教科書を音読してみよう

ここまで、記憶の方法について解説した。

暗記というと、社会や英語などと結びつけられがちだけど、ぼくは**主要５教科の教科書はすべて音読したほうがいい**と思っている。さっきも話したとおり、５教科はきみたちが高校や大学に進んでから、こんどは自分のアタマでしっかり考えて勉強するための土台となるものだから。さらにいうと、中学校での勉強のうち、社会に出てから役にたたないものはないからだ。

英語、国語、数学、理科、社会のどれかができないと、社会に出てから就《つ》ける仕事の幅がせまくなってしまう。きみたちの多くはまだ、将来どんな仕事をしようかなんてあまり考えていないかもしれない。でも、いつかは自分の仕事を決めるときがくる。

そのときに、中学の勉強をしっかり身につけている人とそうでない人では、選択の幅がぜんぜんちがってくるんだ。それはなぜかというと、**いろんな科目に関心をもちつづけると、それだけいろんな選択肢《し》を想像することができるから。**

優くんは中学を卒業するころ、ソ連のことをもっと知りたいと思って、ＮＨＫのラジオ・ロシア語講座のテキストを買った。けっきょく、そのときはほとんどものにならなかったけれど、ロシア語のアルファベットはおぼえたし、ロシアへの関心を高めることができた。

いま思うと、大学院を終えて外務省に入省し、ソ連に行ってインテリジェンスの専門家になったのも、中学生のときにロシアに関心をもったことが関係していると思う。

優くんの例はちょっと特殊《とくしゅ》かもしれないけれど、**勉強をつづけるというのは、関心をもちつづけること。**それが将来の選択肢の幅を広げることになるんだとおぼえておいてほしい。

2

「カタチ」のきわめつき、インプットとアウトプット

優くん式「情報収集術」と「表現術」

インプット
アウトプット
これなら
漫画家の
私にまかせて
ちょーだい
真実を
取材して
そこに
今までで
あった
いろんな事
足して
まっ赤なウソ語
描く、これを
盛ると言って
文章を正しく読む
クセをつけないと
こうなります
もりもり
110ページ、優くんの
出した要約問題
やってみました
答え
ミミソと
ショーユ
パない

インプットとアウトプットは どちらが先？

この章では、「学びのカタチ」の5つめ **「インプットとアウトプットの方法」** について解説していこう。

ふたつの意味はわかるかな？　インプットは **「内側に取りこむこと」**、アウトプットは **「外側に出すこと」** だ。

勉強でいえば、知識を自分のなかに吸収することがインプットで、学んだことを書いたり話したりすることがアウトプットということになる。

ぼくのような作家は、日々、インプットとアウトプットの連続だ。たとえばぼくは、海外のいろんな国がどういう状況になっているかを分析《ぶんせき》する記事をよく書いている。そのためには、外国の現在の出来事だけでなく、歴史や宗教についても、本やニュースでインプットしなければならないんだ。

じゃあひとつ、かんたんな質問をしてみよう。インプットとアウトプットはどちらが先か、わかるかい?

これは当然、インプットが先。だって何も知識がなかったら、それを外に伝えることなんてできないからね。

でもね、だからといってやみくもに知識や情報をインプットすればいいわけじゃないんだ。料理でたとえれば、腐《くさ》った野菜や魚を仕入れても、おいしい料理はつくれない。それと同じで、いい発表をしたりいい文章を書いたりするためには、良質の知識を吸収しないといけない。

そこでまず、良質の知識をインプットする方法をみんなに伝えよう。

1 優くん式・情報収集術

インプットの基本は「読む」と「聞く」

インプットには主にふたつの方法がある。**「読むこと」**と**「聞くこと」**だ。

ぼくも毎日、本や新聞、海外の資料などを読んで、さまざまな知識をインプットしている。インプットをナマけてしまうと、アウトプットの質が悪くなってしまうからだ。

ぼくのばあい、「聞くこと」は、「読むこと」にくらべるとあまり多くの時間を割《さ》いていない。でも、ときには専門家の意見を聞いたり、ラジオやオーディオブックを活用したりして、耳から知識を吸収するようにしているんだ。中学生のばあい、学校や塾の授業を「聞く」こともインプットのひとつだね。

「読む」と「聞く」をくらべると、聞くほうがアタマにのこりやすい。でも、聞いて勉強できるような学習材料はかぎられているし、読むことにくらべて時間もかかる。だから、**インプットの基本は読むこと**だと思ってほしい。

ひとつ注意しておくと、読んだり聞いたりしたことを暗記するうえでは、「話す」「書く」ことも重要な武器になる。まえの章でも言ったように、教科書を音読すると、理解も深まるし、記憶も定着しやすい。また英単語や漢字などは、自分の手で書かないとなかなかおぼえることはできないよ。

まとめておこう。ここでいうインプットとは、主に新しい知識を吸収することを指している。そして、新しい知識は、読むことと聞くことでしか得ることはできないんだ。

中学生むけ新聞を読んでみよう

つぎに、何をインプットするかという話をしよう。

きみたちが何よりも大切にしなければいけないのは、学校で習うことのインプットだ。

中学校の勉強は、あらゆるインプットの土台になるものだから、どんな科目でも手を抜いちゃいけないんだ。

たとえば公民という科目では、日本の政治のしくみを勉強する。だから公民を勉強すると、日本の政治にかんするニュースも理解しやすくなる。ほかの科目もそうだ。数学をきちんと勉強しないと、コンピュータのプログラムを理解することはできない。

中学校で学ぶ主要5教科の勉強の方法は、つぎの章でくわしく解説するので、ここでは学校の勉強以外のだいじなインプットについて伝えよう。

それは、**現在の世界や日本の状況を知ること。**

かんたんにいえば、**ニュースにふれること**だ。

毎日、世の中ではいろんな出来事が起こっている。政治や経済のニュースは、みんなにとっては縁遠《えんどお》い世界の出来事のように感じられるかもしれない。でも、自分のアタマで考えるためには、世界や日本でどういうことが起きているのかを知っておく必要がある。そのためには、ニュースにふれることが大切なんだ。

じゃあ、どうやってニュースにふれたらいいんだろうか。おすすめしたいのは、**中高生**

むけの新聞やニュース雑誌を読むことだ。

中高生むけの新聞では、代表的なものとして『読売中高生新聞』と『朝日中高生新聞』がある。どちらの新聞も、1週間ごとに届くようになっている。

また、新聞ではないけれど、小中学生むけにニュースを解説している『月刊ジュニアエラ』という雑誌も出ている。

こういった新聞や雑誌は、政治や経済、科学、文化など、日々のニュースを中高生でも

2019年9月27日号（読売新聞社）

2019年10月号（朝日新聞出版）

理解できるようにていねいに解説しているので、ニュースのインプットには最適だ。

テレビのニュースよりもNHK NEWS WEBを

ニュースなら、テレビでもいいじゃないかと思う人もいるかもしれないね。でもテレビのニュースは、その日に起きた出来事や事件を正確に伝えることが主な目的なので、出来事の背景までは解説してくれない。だから、浅い理解で終わってしまうことが多いんだ。

それよりもぼくがおすすめしたいのは、**NHK NEWS WEB**というNHKのニュースサイトを読むことだ（https://www3.nhk.or.jp/news/）。このサイトには、日々のニュースのほかに、特集やスペシャルコンテンツなど、ニュースを深く理解するための記事がたくさん用意されている。

とくに、スペシャルコンテンツのなかにある「トップニュースが1からわかる！」シリーズの記事は、つぎのページのとおり、インタビュー形式で解説されているので、中学生でも十分読みこなすことができる（https://www3.nhk.or.jp/news/special/news_seminar/jiji/）。

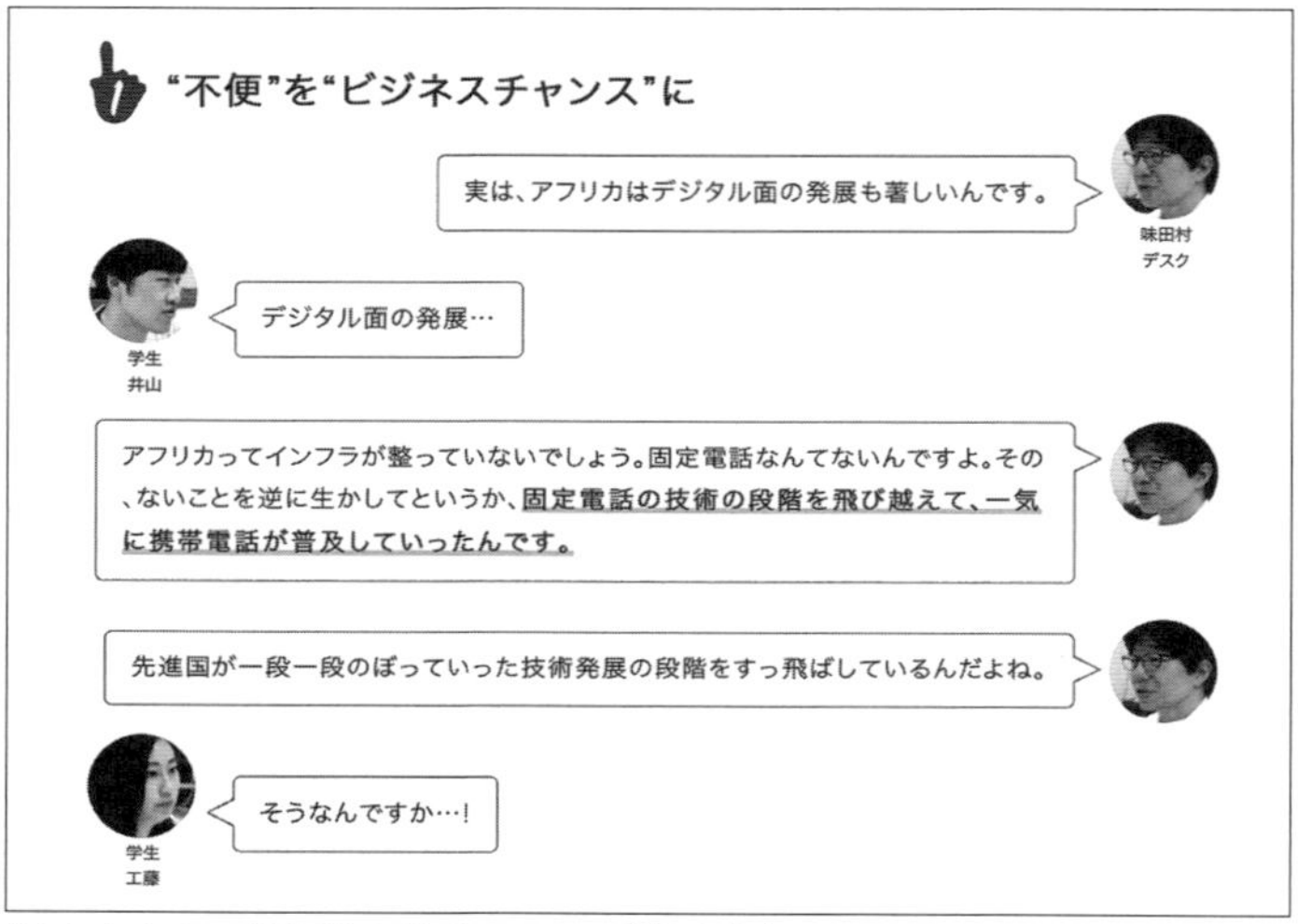
“不便”を“ビジネスチャンス”に

味田村 デスク：実は、アフリカはデジタル面の発展も著しいんです。

学生 井山：デジタル面の発展…

味田村 デスク：アフリカってインフラが整っていないでしょう。固定電話なんてないんですよ。その、ないことを逆に生かしてというか、固定電話の技術の段階を飛び越えて、一気に携帯電話が普及していったんです。

味田村 デスク：先進国が一段一段のぼっていった技術発展の段階をすっ飛ばしているんだよね。

学生 工藤：そうなんですか…!

「1からわかる“沸騰大陸”アフリカ［後編］」2019年8月27日配信より

週に1回程度でいいので、NHK NEWS WEBのなかから興味のある記事を読むようにすると、世の中の出来事について理解が深まっていくはずだよ。

信用できるサイトを見わけるコツ

いま紹介したNHK NEWS WEBはインターネットのサイトだけど、ニュースにふれるうえで、ネットの記事には用心しないといけないよ。インターネットでついついいろんなサイトを見はじめると、あっというまに時間がたってしまう。またネットに出ているのは、個人がいいかげんに書いた記事や、あきらかに内容がまちがっているものも多いから。

ぼくはおとなにたいしても、ネットのニュースを見るときは、NHKのようにマスメディアがきちんと運営しているサイトを見るようにアドバイスしている。なぜかというと、大手メディアが運営しているサイトは、情報の価値を判断して掲載《けいさい》する記事を選ぶ**「編集」**の過程を経ているからだ。

だからネットを使ってニュースにふれる場合は、読むサイトを1つか2つにしぼっておくことがポイント。そうすれば、時間のムダづかいもふせげるし、まちがいの多いページに引っかからないですむんだ。

まえの章では、スマホなどに頼らないで、自分の手でしっかりスケジュールを管理したり、手を使ってものを書くことがだいじだって言ったよね。もちろん、スマホとかタブレットなどのデジタル機器は、情報を得るための手段として使うなら有効だ。でも、その場合は、**しっかり「編集」の手の入った情報を選ぶこと。**

中学生の3分の1は教科書が読めない⁉

くりかえし言うけれど、中学校の授業をきちんと吸収したかどうかで、ニュースの理解度も大きく変わってくる。でも、もっと根本的な問題がある。それは「文章を正しく読む力」が身についているかどうか、ということだ。

「はじめに」で紹介した、数学者の新井紀子さんの話をおぼえているかな？　新井さんは、AIに勉強させて東大に合格させようとしたけれど、うまくいかなかった。理由も説明したよね。AIは、複雑な文章の意味を理解できないからだ。

じつは新井さんは、別の調査もしている。それは、現代の中学生や高校生が教科書を正しく読めているかどうか、という調査だ。

どうやってそれを調べたかというと、かんたんなテストを中高生に解いてもらうんだ。1問だけ、紹介しておこうか。

問 次の文を読みなさい

仏教は東南アジア、東アジアに、キリスト教はヨーロッパ、南北アメリカ、オセアニアに、イスラム教は北アフリカ、西アジア、中央アジア、東南アジアにおもに広がっている。

この文脈において、以下の文中の空欄にあてはまる最も適当なものを選択肢のうちから1つ選びなさい。

オセアニアに広がっているのは（　　　）である。

❶ ヒンドゥー教　❷ キリスト教　❸ イスラム教　❹ 仏教

（『AI vs. 教科書が読めない子どもたち』195ページ）

答えはわかったかな？　正解は❷キリスト教だ。文章を読めば、「キリスト教はヨーロッパ、南北アメリカ、オセアニアに」とあり、文末は「おもに広がっている」となっている。だから、オセアニアに広がっているのはキリスト教だとわかる。

全国の中学生の正解率はどのくらいだったと思う？　結果は、62パーセントだった。つまりきみたちの3分の1は、この問題をまちがえているんだ。

この文章は、中学校の地理の教科書からとられている。ということは、中学生の3分の1は、教科書を正しく読めていない可能性があるんだ。

「文章を正しく読む力」を身につけるには

文章を正しく読む力が身についていなければ、知識をインプットすることはむずかしい。じゃあ、どうすれば身につけられるんだろう？

「文章を正しく読む」ってどういうことかを考えてみよう。このあとで話すように、むずかしいことばが出てきたら辞書を引けばいい。**「正しく読む」ためには、文と文のつながり、**

段落と段落の関係をつかむことが大切なんだ。

たとえば、ある文章のあとに**「つまり」**とか**「ようするに」**という接続詞があったら、「このあとには、いままでの内容を要約した文章がつづくんだな」と考えながら読むのが、正しい読解力だ。

あるいは文中に、**「一方〜、他方〜」**や、**「〜に対して」**という言葉を見つけたら、「何と何をくらべているんだろう?」と確認しながら読まないといけない。

こういうふうに、文章のつながりを意識して読むことを、**「論理的な読解」**というんだ。

小さいときから、たくさん本を読んでいる人は、あるていど、論理的な読解力は身についている。でも、文章を読むのがきらいな人や苦手な人は、集中的に読解力をトレーニングしたほうがいい。

そういう人にすすめたいのが、『出口汪《ひろし》の新日本語トレーニング』という教材だ。この教材は、「基礎国語力編(上・下)」「基礎読解力編(上・下)」「実践読解力編(上・下)」と、段階別に合計6冊が刊行されている。解説がていねいなだけでなく、書きこみ形式になっているので、独学で読む力を身につけるにはぴったりの教材だよ。

対象は小学４年生以上なので、中学生なら最初のほうはやさしく感じられるはずだ。「基礎読解力編」「実践読解力編」とすすむにつれて手強《てごわ》くなっていくけれど、集中して勉強すれば、１か月ていどで６冊すべて終えることができるだろう。

著者の出口先生は、読解力を教えることにかけてはプロ中のプロだ。この６冊に取りくめば、中学生に必要な論理的な読解力がばっちり身につくはずだよ。

ちなみに、まえの章で『ＫＧＢスパイ式記憶術』という本を紹介しただろう。これも、水王舎《すいおうしゃ》という出口先生がつくった出版社から出ている本なんだ。論理の力と記憶の力はどちらも大切、ということかもしれないね。

「基礎国語力編（上）」

紙の辞書で調べよう

教科書でも中学生むけの新聞でも、文章を論理的に読む力は不可欠だ。でも、論理的に読む力があっても、理解できない文章はたくさんある。たとえば、自分の知らないことばがたくさん使われている文章は、いくら正しい読みかたを知っていても、理解することはむずかしいよね。

知らないことばに出くわしたときは、できるだけ紙の辞書を引くようにしよう。もしきみが電子辞書しかもっていないなら、国語辞典や広辞苑《こうじえん》、英和辞典は、**紙の辞書を手もとに置いたほうがいい。**

なんで紙の辞書が必要なんだろう？　「紙」のいいところは、ひとつの単語を引いたときに、そのまわりの単語まで目に入ってくることだ。電子辞書でもすこしは見えるけど、画面が小さいので、その数はかぎられているだろう。

紙の辞書は、引いた単語の上下左右にいろんな言葉が広がっている。そういった広がりを目にすることで、辞書を引くことが楽しくなるし、辞書を引くコツも自然と身についていくんだ。さらに、引いた単語や意味に線を引いたり、メモを書いたりすることもできる。何度も辞書を引くと、辞書がすこしずつよごれていく。そういう「使用感」を実感できるのも、紙の辞書ならではの楽しみだ。

インプットという点でも、じつは紙の辞書のほうがアタマにのこりやすいんだ。電子辞書はたしかにかんたんに引ける。でも人間の脳は、苦労して手に入れた知識のほうが記憶にのこりやすくなっているんだよ。

紙の辞書は、「このあたりかな」と見当をつけてページをめくりながら、お目当ての単語にたどりつくという苦労がある。そのぶん、引いた単語はアタマにのこりやすいんだ。

より深く調べるには どうしたらいいの？

じゃあ、より専門的な用語やテーマを調べるばあいには、どうしたらいいだろうか。

ネットで検索することは、あまりおすすめできない。ネットの検索は、調べ物をするうえではじつは非効率《ひこうりつ》なんだ。

なぜだかわかるかい？　ネットで検索をすると、いろんな記事や情報がヒットするだろう。でも、さっきも言ったように、ネットの記事にはあてにならない内容のものがたくさんあるんだ。だから、検索で最初のほうに出てきた記事だからといって、その内容が正しいという保証はない。

もちろん、なかには有益《ゆうえき》な情報もあるよ。でも、それをきみたちが見わけるのはとてもむずかしい。いや、おとなだってかんたんにできることじゃないんだ。

調べものでも、辞書と同じように、労を惜しんではいけない。だから、何かを調べたかったら、学校や町の図書館で、**百科事典を引くこと**をすすめたい。

優くんが中学1年生のとき、お父さんが平凡社《へいぼんしゃ》の世界大百科事典を買ってくれたんだ。全部で35巻。このあとにも話すけど、優くんはそのころ小説を読むのに熱中してたから、興味のある作家や文学用語について、百科事典をつぎつぎに引いて読んでいった。優くんは、百科事典を引くことが楽しくなった。それどころか、これはマネしなくてもいいんだけど、中高生のあいだに、35巻の百科事典を最初から最後まで読みとおしてしまったんだ。

百科事典の記事は、さまざまな分野の専門家が書いているもの。だからこそ、質が保証されている。百科事典を引くことは、信頼できる知識を手に入れるうえでとても大切なことなんだ。もちろん、百科事典だって万能《ばんのう》ではないよ。たとえば最近の時事問題やニュースなどについてくわしく知りたいばあい、百科事典にはのっていない。

そういうときは、図書室や図書館の「オンラインデータベース」を使ってみよう。オンラインデータベースは、過去の新聞記事を調べることができる。また、図書室や図書館によっては、「ジャパンナレッジ」というたくさんの辞書・辞典を調べることができるデータベースを使えるところもある。

調べ物をするときは、信頼できる知識や情報にあたるのがいちばん。つまり、しっかりと「編集」の手が入ったものを選ぼうということだね。

ＮＨＫラジオのニュースで「聞く力」をみがく

章のはじめに、インプットの基本は「読むこと」と「聞くこと」だと話したよね。じゃあ、耳からインプットする方法にはどんなものがあるだろう？

「ニュースにふれる」という点では、**ラジオのニュースを聞くことがおすすめ。**ラジオとテレビでは、使っていることばの数がぜんぜんちがうんだ。ラジオのほうが新聞に近い。内容的に信頼できるという点では、ＮＨＫのラジオニュースがいいと思う。

ＮＨＫラジオでは、毎日決まった時間にニュースを流している。これらのニュースはインターネット配信もしているので、タブレットやスマートフォンでも聞くことができる。

ニュースを使って聞く力を伸ばすうえでは、**ニュースのディクテーションをやってみるのも効果的**だよ。まえの章で話したとおり、ディクテーションとは、聞いたことを文字に書いていくこと。自分が関心のある分野のニュースをディクテーションすることは、国語と社会の力を同時に伸ばしてくれるんだ。

つぎのページに掲載《けいさい》した「ＮＨＫラジオニュース読み上げページ」というＷＥＢサイトでは、再生速度を調節《ちょうせつ》できるほか、10秒巻きもどしや10秒早送りの機能もあるので、ディクテーションをするにはもってこいだ（https://www.nhk.or.jp/radionews/read.html）。

ＮＨＫのアナウンサーが話すスピードは、１分間でだいたい３００字といわれている。

「NHKラジオニュース読み上げページ」WEBサイトより

だから2分のニュースをディクテーションすると、600字の文章を書くことになる。一文一文をディクテーションしていくと、2分のニュースでも30分~1時間はかかるので、かなりたいへん。でもそのぶん、「聞く力」は確実に伸ばすことができる勉強法なんだ。

信頼できる情報を見わけるために

まえの章で、優くんが旧ソ連でさまざまな情報収集をやっていたことは話したよね。こういったインテリジェンスの活動でも、情報を見わける力がものをいったんだ。

崩壊寸前のソ連は毎日が緊迫《きんぱく》していて、そんな状況では優くんの周囲にさまざまな情報が飛びかっていた。ソ連の政府はクレムリンと呼ばれていた。「マサル、クレムリンの高官に聞いたんだけど……」なんてまえおきで、まことしやかなことをいう人がいる。はたして信用できるかどうか。

そんなとき優くんは、いくつか質問をかさねながら、さりげなくソ連という国の歴史を、話題としてはさみこむようにしていた。そうすると、相手の歴史上の知識があやふやなことがわかってくる。20世紀はじめのロシア革命によって、ソ連という国ができたんだけど、相手は革命についての基本的な知識をもっていないんだ。この時点でアウト。

当時のソ連の例にかぎらず、インテリジェンスの世界では一般的に、相手が信頼できる人物かどうかを見きわめるために、ちょっとした会話のやりとりをすることがよくある。たとえば「10年後の中国の人口はどうなっているかな?」なんて聞いてみる。相手が「7、8億人には増えているかな」なんて言ったり、「いまの人口は40億人だから、10年後には倍になっているよ」なんて応じたりしたら、同じくアウト。こんな人にかぎって、中国の現在と未来についてもっともらしく話したりするんだけど、現在の人口という基本的なことすらあやふやなんだ。この人の分析だって、とても信頼できないよね(*正解は

105ページ。自分でも、現在の中国の人口を教科書で調べてみよう）。

つまり、中学の教科書にものっている基本的な事実さえ知らないような人の言うことは信用できない。ほんとうに信頼できるのは、事実関係をしっかりふまえたうえで、ほかの人の知らないことを教えてくれる人なんだ。

独自なものの見かたをするうえでは、その土台が基礎的な知識でしっかりとかたまっていないといけない。土台がしっかりしてないと、その上にのっていることはとうてい信用できない。きみたちがインプットしようとする情報が信頼できるものかどうか。それを見わけるためには、まず中学の教科書にのっているような知識をしっかり自分のものにしておく必要があるということなんだ。

優くん式「情報収集」7つのルール

❶ 中高生むけの新聞やニュース雑誌、NHK NEWS WEBなどのサイトを読む習慣をつけよう

❷ ネットで情報を調べるときは、ＮＨＫのようなマスメディアが運営している、「編集」されたサイトを選ぼう

❸ インプットのためには「正しく読む力」が必要。文章のつながりを意識して読むことがポイント

❹ 知らないことばに出会ったら、すぐに辞書を引く。電子辞書より、まずは紙の辞書を

❺ ちょっと専門的なことを調べるときは、百科事典にあたろう。最新のニュースにあたるときは、オンラインデータベースがおすすめ

❻ 「聞く力」をみがくうえでは、ＮＨＫラジオのニュースのディクテーションが効果的

❼ 中学の教科書にのっている基本的なことをしっかりふまえているかどうか、これが信頼できる情報を見わけるコツ

＊中国の人口は約13・9億人（２０１９年9月現在／日本外務省ＨＰ）

2 優くん式・表現術

アウトプットはインプットの2割

さあ、インプットはこのぐらいにして、今度はアウトプットの方法について解説しよう。まえに言ったように、**アウトプットとはインプットした知識を外に表現すること。**アウトプットについてぜひおぼえておいてほしいことがある。それは、ぼくの経験では、インプットした知識のうちの20パーセントぐらいしか、アウトプットはできないということなんだ。

たとえば高校3年生レベルの英語を読める人でも、会話の能力になると、中学校3年生ぐらいになってしまう。日本語でも同じこと。読める文章のレベルと、話したり書いたりできる文章のレベルは大きく変わってくるんだ。

なぜだか、わかるかい？　それは、**新しい知識をインプットしても、それを自分で使いこなせるようになるには、時間がかかるからだ。**

ぼくはこれをミソやショーユのたとえでよく説明している。ミソやショーユをつくるには、発酵《はっこう》する期間が必要だよね。知識も同じように、自分でかみくだいて使いこなせるようになるには、時間がかかるんだ。

ぼくのケースでいうと、新しい知識や情報をインプットしても、それが自分の血となり肉となって使いこなせるようになるまでには、最低半年ぐらいはかかる。

だから、アウトプットがうまくできないからといって、あせる必要はないよ。人それぞれ、発酵期間はちがう。このことをアタマに入れたうえで、これから話すアウトプットの方法に取りくんでもらいたいんだ。

アウトプットの第一歩は だれかに話すこと

じゃあ、具体的に説明していこう。アウトプットは、つぎの3段階で鍛《きた》えていくことができる。

【アウトプットは3段階できまる！】

1 だれかに話す
2 要約する
3 敷衍《ふえん》する

1は、読んだこと、聞いたことをだれかに話してみるというアウトプット。友だち、家族、先生に、自分がおもしろいと思ったニュースを話してみるんだ。家でペットを買っているなら、ネコやイヌに話してみたってかまわない（優くんも家のネコに話してみることがあるよ。ちょっとふしぎな光景かもしれないけど)。とにかく**読んだこと、聞いたことを口に出してみること**がとても大切なんだ。

きっとはじめのうちは、伝えたいと思うことの半分も話すことができないと思う。それぐらい、話して伝えることはむずかしいからね。

だから、できれば同じニュースを別の人に何度も話してみるといい。そうすると、一度めにくらべて二度めはすこしじょうずに話せるようになる。同じ内容をくりかえし話すことで、「話す力」は伸びていくものなんだね。

これが「要約のコツ」だ!

つぎに、2の「要約する」について説明しよう。要約とは、文章のいちばん大事な内容をまとめることだ。といってもピンとこない人もいるだろう。例題を出してみよう。

問 つぎの文章を40字で要約してみよう。

新しい知識をインプットしても、それを自分で使いこなせるようになるには、時間がかかる。ぼくはこれをミソやショーユのたとえでよく説明している。ミソやショーユをつくるには、発酵する期間が必要だよね。知識も同じように、自分でかみくだいて使いこなせるようになるには、時間がかかるんだ。

これは、さっきアウトプットについて説明した文章をすこしだけ変えたものだ。この文章は全部で137字。これを40字に要約するとは、どういうことなんだろう?

要約とは、文章の大事な部分をまとめることだった。この文章で大事なことは、1文めと4文めに書かれている。

1文め：新しい知識をインプットしても、それを自分で使いこなせるようになるには、時間がかかる。

4文め：知識も同じように、自分でかみくだいて使いこなせるようになるには、時間がかかる。

文章の書き手は、自分の伝えたいことをいろんな言いかたでくりかえす。この文章も、4文めで1文めと同じことをくりかえして、それが重要であることを強調しているんだ。それにたいして、2文めと3文めのミソやショーユの例は、たとえとして出している話だから、要約するうえでは切り取ってしまってかまわない。だから、解答は1文めや4文めの内容を40字以内にまとめればいいんだ。

解答例

新しくインプットした知識をかみくだいて、使いこなせるようになるには時間がかかる。（40字）

こんなふうに、**文章のなかからだいじなところとそうでないところを区別して、だいじ**

なところをまとめるのが要約という作業だ。アウトプットをするためには、インプットした知識の要点をまとめることが基礎になる。だから要約の力をみがくことは、とてもだいじなことなんだ。

でも残念なことに、中学生が独学で要約の練習をできるような本は、ほとんどないのが実状だ。もしきみが国語に自信があるなら、野矢茂樹《のやしげき》先生の『大人のための国語ゼミ』の5章（「文章の幹《みき》を捉《とら》える」）を使って、要約のトレーニングをするのがいい。「大人のための」とあるけど、国語が得意な中学生ならじゅうぶん読みこなせる内容だ。

そうでない人は、国語の教科書の文章を要約して、学校や塾の先生に添削《てんさく》してもらおう。

「敷衍」ってなんだ？

3の「敷衍」は聞きなれない言葉かもしれないね。読みもむずかしい。「ふえん」って読むんだ。これは、**抽象的《ちゅうしょう》な説明を自分のことばでかみくだいてわかりやすく説明すること。**だから、**要約の逆**だと思えばいいよ。

ぼくたちがものごとを説明するばあい、重要なポイントを見きわめ（＝要約）、そのポイントをわかりやすく説明しようとする（＝敷衍）。つまり**アウトプットをじょうずにこなすには、要約と敷衍をいっしょにおこなう必要がある**んだ。

敷衍は、要約にくらべてはるかにむずかしい。要約は、ある文章から大事なところをまとめればいいから、材料は目の前にある。でも敷衍は、説明をふくらませていくことだから、自分でつけくわえる材料を考えないといけない。

先ほどの問題の例でいえば、「新しくインプットした知識をかみくだいて、使いこなせるようになるには時間がかかる」ことを説明するために、ショーユやミソの発酵でたとえることが敷衍ということになる。

学校や塾の先生も「たとえば〜」というふうに、具体的な例を出して説明することがよくあるんじゃないかな。そうやって具体例をあげて、わかりやすくかみくだくことも、重要な敷衍のテクニックだ。

だれかに何かを説明したり、自由に作文を書いたりする場合には、どこかで敷衍という作業が入ってくる。そういった機会があれば、「これをわかりやすく説明するには、どうすればいいんだろう」と考えながら、話したり書いたりすることを心がけよう。

アウトプットするための「書く力」をみがく本

この章の最後に、「書く力」を伸ばしてくれる本をいくつか挙げておこう。

「読む力」のときに、95ページで紹介した『出口汪の新日本語トレーニング』は、書きこみ形式になっているので、読む力と同時に書く力も同時に伸ばすことができる。書くことが苦手な人は、この教材からはじめるといいだろう。

書くことがすきな人、国語が得意な人は、すこしむずかしいけれど、澤田昭夫《さわだあきお》先生の『論文の書き方』に挑戦してみるといいよ。この本は、論理的な文章を書くための入門書として、長く読みつがれている名著だ。これを読めば、説得力のある文章を書くコツがどこにあるのかがよくわかる。

先ほど紹介した『大人のための国語ゼミ』も、要約だけでなく、話す力、書く力を総合的に伸ばすことができるすばらしい本だ。

著者である野矢茂樹先生は、『論理トレーニング101題』では、こんな文章例をあげている。

吠《ほ》える犬は弱虫だ。うちのポチはよく吠える。だからポチは弱虫だ。

この文章におかしなところはないだろうか。一見すると、正しい文章のように見えるよね。でもこの文章には、ポチが犬かどうかまでは書かれていない。ポチはもしかすると、トラやライオンかもしれない。そうすると、ポチは「吠える犬」ではないので、弱虫とは言いきれないよね。

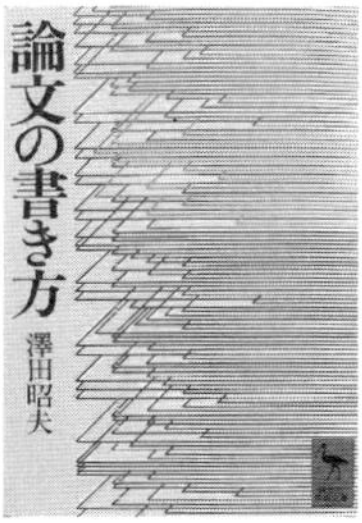

「細かすぎるよ」と思う人もいるかもしれない。でも、論理的に正確かどうかという点から見ると、この文章はあいまいさをのこしてしまっているんだ。

ここで紹介した本を活用して、「論理的に書く力」を身につけてほしい。

国語の先生のアドバイス——かならず紙に書くこと

この章の最後に、優くんが中学生のときに教わった国語の先生のアドバイスをみんなにも伝えよう。

じつは、「要約」と「敷衍」は、優くんが中学校の塾の先生に習ったことなんだ。国語の時間、先生がホワイトボードに、「要約」「敷衍」という文字を書いて、つぎのように説明してくれた。

「文章は、内容を変えずに、伸ばしたり、縮《ちぢ》めたりすることができる。短くすることを要約といい、長くする方法を敷衍という。要約は、すこし訓練を積めば、だれにでもできるようになるが、敷衍はむずかしい。いろいろな背景知識や、比較するほかの文学の例を知らないとできません。高校入試問題でも、「要約せよ」という問題はたくさん出るけれども、「敷衍せよ」という問題は出ない。しかし、大学生になったり、社会に出てから、ものごとを敷衍する力はとても重要になります。

高校入試の問題をいくつもこなしても、学力の伸びには限界があります。よい文章をたくさん読んで、要約することです。そのとき、アタマのなかで「だいたいこういうふうに要約できる」と考えるだけでは、要約の力はつきません。かならず紙に書くことです」

この先生のアドバイスにしたがって、優くんはたくさんの本や文章を要約した。そして作家になってからも、要約と敷衍は文章を書くうえでつねに意識しているんだ。みんなも「かならず紙に書くこと」を忘れずに実践してほしい。

優くん式「表現術」６つのルール

❶ 新しい知識や情報をインプットしても、それを自分のものにするには時間がかかる。けっしてあせらないこと

❷ 「おもしろい！」と思う情報を仕入れたら、だれかに話してみる。そのうちに、情報が自分のなかでこなれてくる。「話す力」も伸びる

❸ アウトプットをするうえでは、インプットした知識の要点をまとめることがポイント。要約の力をみがこう

❹ アウトプットをじょうずにこなすには、要約と敷衍をいっしょにおこなう必要がある。むずかしいことを相手に伝えるときは、わかりやすい例をあげて説明してみよう

❺ わかりやすく話したり、わかりやすい文章を書くためには、「論理」を意識しなければいけない。この章で紹介した本を参考にしよう

❻ 要約や敷衍は、アタマのなかでやっていても意味がない。かならず、紙に書くクセをつけよう

3

主要5教科の「学びのカタチ」

優くん式「英数国理社」必勝勉強法

ちょっとだけ出来そうな科目を見つけたら
これならイケル
自分よりちょっとだけ成績のいい子に勉強方法を教えてもらうってのを私はやったよ
こーすればいいよ
なるほどー
だってトップの子のマネなんて出来ないもん
キミ面白いねー
初めて絵を採用してもらったのは22歳の時でこれが私の成功体験
親が見たら怒るだろうなあ、なえっちな大人本のイラスト
けらけら
一人で東京に出てあんなにうれしかった日はなかった
今でも忘れない

勉強には2つの種類がある

この章では、お待ちかね、学びのカタチを具体的な勉強に応用する方法を紹介しよう。「具体的な勉強」といっても、ちょっとばくぜんとしているね。そこで、中学校の主要5教科（英語、数学、国語、理科、社会）を例にとることにする。

最初にどの科目にも共通している勉強ぜんたいの心がまえについて、すこし話しておこう。

きみがいま中学生で、通っている中学が中高一貫校でないばあい、高校受験をすることになる。といっても、あまり不安になる必要はない。なぜかというと、中学生のばあい、学校の勉強と受験勉強はほぼかさなりあっているからだ。ということは、日ごろから学校の勉強をきちんとやっていれば、おのずと高校受験に必要な学力は身につくことになる。

まえの章では「インプット」がいかに大切かを説明したね。インプットとしての勉強について、ぜひ知っておいてほしいことがある。

・勉強（インプット）には「受け身の勉強」と「積極的な勉強」の2つの種類がある

「受け身の勉強」とは、知識を自分のなかに取りこむタイプの勉強のこと。「積極的な勉強」とは文字どおり、学びたいことをみずからすすんで探るようなタイプの勉強のことだ。

勉強のサイクルをつくろう

きみは、「積極的な勉強」のほうが大切だと思うかもしれない。でも、この2種類はどちらも必要なんだ。いちばん理想的なのは、**受け身の勉強と積極的な勉強を順ぐりにやっていくこと**だろう。

受け身の勉強をしていくうちに積極的に学びたいことに出会うことができた。そこで、積極的な勉強をはじめて、そのジャンルを深く掘《ほ》りさげていくうちに、もうすこし知識を身につけなければいけないと気がつく。そこでまた、受け身の勉強にもどる。

たとえば歴史の授業で、日本には平安時代の終わりから、武士が台頭《たいとう》してきたことについて習った。これは受け身の勉強だよね。そこで、貴族の政治だった時代に、なぜ武士が登場したのかをもっとくわしく知りたいと思って、百科事典で調べてみる。こうなると、積極的な勉強になる。そこで歴史をおもしろいと思い、もっと先のほうまで知りたいと、自分で教科書の先まで読むようになる。これは、受け身の勉強にもどっているけれど、勉強がかなり楽しくなっている状態だ。

勉強のサイクル
「受け身の勉強」→「積極的な勉強」→「受け身の勉強」→……

自分の勉強がこういうサイクルに入ればしめたもの。でも中学生や高校生の学校の勉強は、どうしても受け身の勉強の割合が高くなる。途中でつまらないと思って勉強を投げだしてしまう人も多いかもしれない。

でも、中学生から高校生のときにこのサイクルをつくっておくことは、大学に入ってから先、自発的に勉強をするためのとてもだいじな道筋なんだ。

といっても、第一歩は「受け身の勉強」から

ここでちょっと、優くんの経験を話しておこう。

優くんは中学生のとき、どちらかというと自発的な勉強ばかりをやりたがっていた。第1章でも話したように、中学校3年生のときはとにかくソ連の政治体制や、共産主義を生みだした「マルクス＝レーニン主義哲学」（＊）のことを勉強したかったんだ。きみたちからは、そうとうな変わり者に見えるかもしれないね。

でもおとなになってみて、受け身の勉強の大切さがよくわかった。お医者さんだって、体のなかのさまざまな部位の働きをアタマにたたきこまないと、診察や手術はできるようにならない。それと同じで、**おぼえることの多い受け身の勉強は、自発的な勉強の土台をつくるものなんだ。**この土台がもろいと、積極的な勉強もカラ回りしてしまう。

基礎と応用ということを考えれば、きみにもよくわかるだろう。たとえば、英語の勉強について考えてみよう。これからは会話が大切だということで、リスニングをしっかりや

ろうと言われることがあるよね。でも、英単語を暗記したり文法の勉強をしっかりやっておかないと、いくら英語を聞いたところでちんぷんかんぷんだろう。

つまり、受け身の勉強をとおして基礎をかためておかないと、応用には進めない。ぼくが第1章で、きみたちに教科書をしっかり暗記することをすすめたのも、このためなんだ。最近はこのあたりまえのことが、案外と見落とされているような気もする。

＊マルクスの考えかたを、のちにレーニンが発展させたもの。マルクスは『資本論』を書いたドイツの思想家で、レーニンはロシアの革命家。この2人のことは、つぎの章の187ページにもすこし書いたので、参照してほしい。

優くんの高校受験体験記

とはいっても、高校受験や大学受験ばかりを気にして、受け身の勉強だけで満足してしまうと、目標を達成したとたんに勉強する意味を見失ってしまう。

優くんも中学校のテスト対策では、丸暗記の勉強ばかりをしていた。教科書や参考書を理解するよりも、問題集の問題と解答のパターンをひたすら暗記してしまうんだ。理解して暗記するのではなく、ただ機械的に暗記していたんだね。

数学や理科など、暗記科目と思われているものでなくとも、暗記さえしていればたいていの問題に答えることができる。いままでいちども出会ったことのない問題が出題されたばあいは、とりあえずあきらめて、つぎのテストで同じような問題が出たときにはかんぺきに解けるようにする。英語、国語、社会は教科書を最低20回読んで全文暗記した。

中学校のテスト程度なら、それで万全《ばんぜん》だった。

でも、この方法で大失敗をしてしまったことがある。

中学3年生になったとき、優くんは第一志望を早稲田大学高等学院に決めた。すでに話したとおり、優くんは当時のソ連やロシア語に興味をもっていたんだけど、早稲田大学高等学院では高校としてはめずらしく、英語のほかに、フランス語とドイツ語、ロシア語のなかから第2外国語を選択して勉強することになっていた。この学校でならば、ロシア語をぞんぶんに勉強できる。そう考えたのが志望の理由だった。

入試も近づいてきた晩秋の11月から、優くんは泥縄《どろなわ》式の勉強をはじめた。中学のテスト対策と同じ方法で、早稲田大学高等学院の過去問を研究して、問題と解答のパターンを完全に暗記したんだ。でも、この方法に限界があることはすぐにわかるよね。入試の当日、過去問とはまったく傾向のちがう問題をまえにして、優くんはお手あげだった。

こんなふうに、目先の受験勉強ばかりに集中すると、理解をおろそかにして丸暗記の勉強になりがちだ。

でも、そうやっていくら大量の知識をつめこんでも、それは生きた知識にはなりにくい。受験が終われば、学んだことをすっかり忘れてしまう人も少なくない。

だから、**受け身的な勉強をしながら、自分がどういうことに関心があるのか、自分はどういうことをもっと知りたいのかと考えることがとても重要なんだ。**

勉強ぜんたいが苦手なばあいはどうする？

ぼくは、成績が悪くなってしまった生徒から、どうやって勉強すればいいかという相談をうけることがしばしばある。そんなときには、**どんな科目でもいいからクラスで1番に**

なりなさい、とアドバイスすることにしているんだ。

すでに得意科目がある生徒は、勉強ぜんたいが苦手なわけじゃないから、スケジュールノートをつくって「7掛け2割増しの法則」にしたがえば、勉強の計画をじょうずにたてて、苦手な科目にも立ちむかうことができるだろう。

でも、得意科目がひとつもないばあい、何から手をつけていいのかわからない。「どうすればいいの？」という声が聞こえてくる。そんなきみへのアドバイスは、こうだ。

とにかく1科目でいいから「自信をもつ」こと

どの科目も成績がよくないと、勉強することじたいにやる気が起きなくなってしまう。そうなると、勉強がどんどんきらいになってしまう。かといって、遅れを取りもどそうとしても、ぜんぶの科目をいっぺんに勉強するのはすごくむずかしい。

そういう人は、とにかく新しい学期に入ったら、1科目だけとことん集中して、クラスで1番になることをめざそう。

どの科目を選べばいいかって？　**ぼくのおすすめは英語だ。**その理由は、このすぐあとに話そう。

「成功体験」は生きる力になる

1科目でもいい成績を取ることができれば、それがきみの自信になる。ちょっとむずかしくいうと**「成功体験」**。成功体験は、勉強だけにかぎらない。きみたちがこれから生きていくうえでとても重要なことなんだ。

優くんだってだいじな成功体験をもってるよ。それは、小学生のときにアマチュア無線《むせん》の資格試験に合格したことだ。アマチュア無線って何？　と思ったかもしれないね。国家試験を受けて免許をもらい、個人で自宅に無線機器を置いて世界中のアマチュア無線の仲間たちと交信できる通信手段なんだ。いまみたいにスマホやケータイなどの通信機器がなかった時代のことだ。

小学校6年生の秋ごろ、優くんは急性肝炎《きゅうせいかんえん》という病気にかかって、2学期のあいだはほとんど学校に行けなくなってしまった。そのため、通知表もひどい成績になり、すごく落ちこんでしまったんだ。

3学期からは、午前中だけ授業をうけることができるようになった。でも、2学期のあいだは授業をうけていないから、授業についていけるかどうかも不安だった。

そんなときにお父さんが、アマチュア無線の免許《めんきょ》を取ってみたらいい、と背中を押してくれた。優くんは以前から、アマチュア無線に興味をもっていたんだ。

アマチュア無線の免許を取るための試験は、高校1年生ぐらいの学力がないとうからない。でも、お父さんは「優くんだったら大丈夫だ」といってくれた。お父さんが何かを強くすすめたのは、それがはじめてのことだった。きっとお父さんは、むずかしい試験に合格させて、優くんに「やればできる」という自信をつけさせたかったんだろうと思う。

お父さんにあと押しされて、優くんは6年生の3学期に、アマチュア無線の試験勉強をして、合格することができた。いまふりかえると、それは優くんにとってだいじな成功体験となった。アマチュア無線の試験には、小学校では習わない数学を使わなければ解けない問題も出題される。だから試験勉強をするうちに、遅れていた算数の力も取りもどすことができたんだ。

ひとつのものごとに一生懸命《いっしょうけんめい》取りくみ、成果をあげることができると、その自信が力になって、別のものごとに挑戦することができる。学校の勉強も同じだ。1科目でも自信がもてると、そこからほかの科目に挑戦する力が生まれてくるんだ。

まえおきが長くなってしまったね。さあ、ここから主要5科目の具体的な勉強法に入っていこう。

1 英語の学びのカタチ

なんのために英語を学ぶの？

最初は英語だ。きみは、２０２１年度から英語の授業のスタイルが大きく変わることを知っているかい？　中学時代で教わる内容も変わるけれど、もっと大きな変化がある。それは、先生が英語で授業するようになるということだ。

もちろん、生徒も英語の質問にたいして、英語で答えないといけない。そうやって授業で英語を使う回数を増やしていけば、生徒の英語力も上がるだろうと考えているんだね。

なんのために英語を学ぶの？　と聞かれたら、ぼくは**「世界を知るため」**と答えている。英語はいまや世界共通語といっていい。英語を使うことで、海外のたくさんの情報にふれることができる。だから、たんに英会話ができるだけじゃなく、英語で知識をインプットできるような勉強をしていくことが大切なんだ。

２０２１年度からの「英語による英語授業」が、具体的にどんなふうになるのかは、じっさいにはじまってみないとわからない。でも、安心してほしい。これから伝える英語の勉強方法を着実につづければ、**どんな授業になっても、英語を得意科目にできるよ。**

3つの理由と5つのステップ

何かを得意科目にしたいと思う人は、英語をねらおう。なぜかって？

【英語がねらい目、3つの理由】

1 中学校で学ぶ英語の範囲はあまり広くはないので、勉強を進めやすい

2 中学での英語の勉強は、小学校とぜんぜんちがう。小学校のときに英語があまり好きでなかった人でも、心機一転《しんきいってん》、ゼロからスタートする気持ちで取りくめる

3 国語や数学とちがって、中学での英語は勉強をしたぶんだけ、すぐに成績にあらわれるので、やる気が出てくる

では、どうやって勉強するかだけれど、つぎの手順で進めてほしい。

【英語を得意科目にするための、5つのステップ】

1 音声を聞きながら、教科書をくりかえし音読する
2 辞書を引いて、自分で日本語に訳してみる
3 学校の授業などで、日本語訳が正しいかどうかを確認する
4 音声を聞きながらディクテーション（音声の書き写し）をする
5 4が完全にできるようになったら、音声だけを聞き、内容を理解できているかどうかを確認する

英語では、「読む・聞く・書く・話す」という4つの力を伸ばしていかなければならない。

4つのうちのどれが大切かって？　**このなかでもっとも基本的な要素は「読む」だ。**なぜかといえば、外国語の場合、読むことができてはじめて、ほかの3つもできるようになるから。逆にいえば、読めないものは、聞くことも書くことも話すこともできない。そのことを忘れないようにしよう。

ここにあげた勉強の手順は、この4つの要素をふまえてのものだ。授業の進みかたにあわせて**1〜5**の勉強を積みかさねていけば「読む」力もついてくる。ふだんの勉強としてはじゅうぶんだろう。

ディクテーションの勉強を取りいれよう

5つのステップのうちでとくに重要なのは、4のディクテーション、つまり音声で英語を聞いて、そのまま書き取りをするトレーニングだ。また、授業の進みかたよりも先まで予習したい人は、**3**の部分で教科書ガイドを使ってもいいだろう。教科書ガイドについては、数学の勉強のところにくわしく解説しているよ。

英語の勉強にかんして、とにかく音声をくりかえし聞けというアドバイスを見かけるけれど、それではリスニングの力は身につかない。リスニングの力を伸ばすためには、ディクテーションが効果的だ。

何度も音声を聞きなおしながら、正確にディクテーションができるようにする。そうすることで、文法にしたがって書く意識も強まるし、きめ細かく音声を聞きとることができるようになるんだ。

中1～中3までの教科書の英文をかんぺきにディクテーションできるようになれば、「読む・聞く・書く・話す」の基礎は身につく。めんどうがらずにやってみてほしい。

文法をまとめて勉強しよう

最近は、英語の授業で英文法だけを教えることが少なくなってしまった。英文法というのは、英語のルールのこと。サッカーのルールを知らないと、アタマを使ったサッカーはできないだろう。それと同じように、英語のルールを知らないと、複雑な英文を読んだり、書いたりすることはできない。

もちろん、学校でまったく英文法を教えていないわけじゃないよ。教科書のなかには、文法のポイントがすこしずつ盛りこまれている。ただ、それでは体系だてて英文法を勉強することはむずかしいんだ。

だから英文法については、教科書以外の教材で勉強する必要がある。塾に通う場合は、英文法をしっかり教えてくれる塾を選ぶようにしよう。ぼくが中学生の保護者にすすめているのは、公文式《くもんしき》の英語教室だ。公文では、書くトレーニングを段階的に積みかさねていくので、英文法がアタマに入りやすい。また、一人ひとりの学力に合ったレベルからスタートできるので、「ついていけなかったらどうしよう」という心配も無用。

もし自分で英文法の勉強を進めていくなら、『スーパーステップ　くもんの中学英文法——中学1～3年　基礎から受験まで』が、説明がていねいで勉強しやすい。これをひととおり読みこなした人や、英語が得意な中学2年生、3年生は、高校生むけの『総合英語Evergreen』を勉強すれば、中学、高校の英文法で困ることはないだろう。

英語の力は継続にあり

英語の勉強法について、ひととおり説明してきた。最後にいちばんだいじなことを書いておこう。

・英語は毎日勉強すること

外国語の勉強というのは、1日欠かすと、それが2日になり3日になり、というふうに、ズルズルとなりがちなんだ。そうなると、過去に勉強したことが定着しないから、結果的に勉強がムダになってしまう。

だから、スケジュールノートをつくるときにも、英語の時間だけは毎日の目標90分のうち、最低30分は確保するようにしよう。いろんな事情でどうしても30分まとまって取れないときは、細切《こまぎ》れの時間でいいから、10分、15分は英語にふれてほしい。

と、かんたんに書いたけど、言うは易《やす》く、おこなうは難《かた》し。じっさい、毎日英語の勉強をしている中学生なんて少数派だと思う。部活をしてくたびれて帰宅したあとには、机にむかう気も起きないかもしれない。

そのぐらいむずかしいことはわかっているけど、なんとかつづけていこう。どうしようもなく忙しいときは5分だってかまわない。要は、自分のペースをつかむことなんだ。

中学3年間、毎日英語にふれつづけたという経験は、きっときみの自信になる。きみがいま中学2年生でも、3年生だったとしてもおそくはない。高校まで英語にふれつづけることができれば、高校以降もその習慣をもちつづけることができる。

さらに、大学生あるいは社会人になってから、英語以外の外国語を学ぼうと思ったときも、継続《けいぞく》して勉強することは苦にならないだろう。

それくらい、中学生のときに毎日、英語にふれることは大切なんだ。この本を読んだきみは、さっそくきょうから英語にふれるようにしてほしい。

英語の学びのカタチは４つ

❶ 英語の勉強の基本は「読むこと」。５つのステップで勉強を進めれば、「読むこと」を中心にバッチリ力がつく

❷ ５つのステップのうち、いちばん大切なのはディクテーション。教科書の英文をディクテーションしよう

❸ 文法は英語のルール。教科書以外の教材をうまく利用して、英文法をまとめて勉強しよう

❹ 英語の勉強は「継続すること」が大切。１日30分を目標に、自分のペースで毎日、英語にふれてほしい

2 数学の学びのカタチ

5つのステップ

つぎは数学にいこう。

数学を勉強すると、ものごとを論理的に考える力が養われる。だから、理科系の人だけが勉強すればいい科目じゃないんだ。どんな仕事をするうえでも、筋道をたてて論理的に考える力は必要とされる。中学時代に学ぶ数学は、そのいちばんの土台をつくるものなんだ。

数学も英語と同じように、積みかさねが大切な科目だ。どこかでつまずいてしまうと、その先がわからなくなってしまう。その結果、授業についていけなくなる生徒も多い。授業についていけなくなったらどうするかはあとのほうで話すことにして、ここでは、授業はなんとか理解していることを前提にして、日々の勉強のしかたについて解説しよう。
まず英語と同じように、勉強の手順を示そう。

【数学を得意科目にするための、5つのステップ】

1 教科書ガイドを活用して、教科書の内容を理解する
2 教科書の例題や練習問題を実際に解いてみる
3 わからなかった問題は、教科書ガイドを活用して解きかたを理解する
4 問題を見た瞬間に解きかたがわかるようになるまで、例題や演習問題をくりかえし解く
5 4ができるようになったら、つぎの単元に進む

教科書ガイドを活用しよう

1の教科書ガイドとは、市販されている教科書の解説書のことだ。教科書ガイドの活用をこころよく思わない先生もいるかもしれない。でも、**予習や復習の段階で、教科書ガイドは役にたつ。**優くんが中学生だったころとくらべると、教科書ガイドの質も高くなっている。教科書を読んでわからないところがあったら、教科書ガイドを読んで理解する習慣を身につけよう。

だが数学は、ただ教科書の内容を理解するだけでは力は伸びない。**手を動かして、実際に問題を解いてみることがなにより重要だ。**それが2に相当する。

最初に問題に取りくむ段階では、解きかたがわからない問題も多いはずだ。そういうときも、教科書ガイドを利用して解きかたを理解しよう（3）。

そのうえで、できなかった問題はチェックしておいて、自力で解けるようになるまでくりかえしチャレンジしてみる。これができるようになったら、その単元の内容は吸収したといっていいだろう。

このように、数学の力を伸ばしていくには、問題を解く「練習」を積みかさねることが大切なんだ。学校から配《くば》られるドリル形式の教材があるなら、それを解く時間を勉強計画のなかに組みこむようにしよう。

問題を解くときにだいじなのは、**ノートに計算の過程《かてい》を書いて、「どのように考えて解いたのか」がわかるようにしておくこと。**たんに答えあわせをしただけでは、自分がどこでまちがったのかがわからなくなってしまうからね。

数学が得意科目で、中学数学の勉強を早めに終えた人は、高校の数学に手を伸ばしてもいい。高校数学は中学数学にくらべてかなりむずかしくなるから、『増補改訂版 語りかける高校数学 数Ⅰ編』『生き抜くための高校数学――高校数学の全範囲の基礎が完璧にわかる本』など、解説のくわしい参考書を読むといいだろう。

数学の学びのカタチは3つ

❶ 予習や復習の段階で教科書ガイドを活用しよう

❷ 教科書をながめるだけでは数学の力は伸びない。手を動かして、実際に問題を解いてみることがなにより重要

❸ 問題を解くときは、ただの答えあわせではダメ。計算の過程を書いて、「どのように考えて解いたのか」がわかるようにしておくこと

3

国語の学びのカタチ

国語と数学は似ている

国語の力は、すべての科目の基礎になるものだ。それはそうだよね。文章を正しく理解する力がなければ、ほかの科目の教科書も読み進めることはできないのだから。

ちょっとむずかしい話に聞こえるかもしれないけれど、国語の教科書にのっている文章は、論理的に読めるものが多い。

論理的な文章とは、**筋道がきちっとしている文章のこと**をいう。たとえば、自分の主張や結論だけを言うのは論理的とはいえない。「学校は週4日にすべきだ」という主張をするだけで、その理由を言わなければ、言いっぱなしになってしまうよね。

論理的な文章には、自分の主張にたいして、その理由や根拠《こんきょ》、想定される反論なども書かれている。ということは、**読む側にも、書き手の主張が書かれている箇所、理由が書かれている箇所を分析しながら読むことが求められるんだ。**

だから、意外に思うかもしれないけれど、国語と数学はけっこう似ている。どちらも論理によって成り立っている点では共通しているからね。

国語の成果は見えにくい

ただ国語は、ほかの科目にくらべると、勉強の成果がなかなかあらわれにくい。国語には暗記する要素が少ないからだ。

たとえば英語は、文法や単語をおぼえれば、すぐに点数に結びつく。数学だって、問題をくりかえし解いていくうちに、おのずと解きかたのパターンをおぼえていくから、勉強したぶんだけ成果が見えやすい。

でも、中学生の国語でおぼえることといったら、漢字とかんたんな文法ぐらい。おぼえる勉強が中心じゃないんだね。

だから、国語を自分で勉強するのはけっこうむずかしい。ぼくは、教科書をくりかえし読むぐらいでじゅうぶんだと思う。そのかわり、つぎの章で話すように、**いろんな本を読むことに時間を使おう。**それがひいては国語の力につながっていくはずだから。

また、まえにも言ったように、**国語はすべての科目のベースだ。ということは、ほかの科目の教科書を読むことで、国語の力もアップする。**数学をしっかり勉強すれば、論理をつかまえる力も身についてくる。

国語の成績がなかなか伸びなくても、あまり不安になることはない。本をたくさん読んだり、ほかの科目を一生懸命やっていれば、おのずと国語の力はついてくるんだ。

国語が苦手どころか、そもそも文章を読むことが苦痛に感じる人は、第2章で紹介した『出口汪の新日本語トレーニング』の6冊を集中的に勉強することをすすめたい。それを終えた人、または自分で国語の勉強をしたい人は、同じく出口先生が書いている『システム中学国語 論理入門編』『システム中学国語 論理完成編』に取りくんでみよう。

国語の学びのカタチは３つ

❶ 国語はすべての科目のベース。ほかの科目の教科書を読むことでも、国語力はアップする

❷ 教科書の文章は、筋道がきちっとしている。書き手の主張が書かれている箇所、理由が書かれている箇所を分析しながら読むことを心がけよう

❸ 小説をはじめ、いろんな本を読むことで国語の力は大きく伸びる。つぎの第４章で紹介する本を、ぜひ手にとってみよう

4 理科と社会の学びのカタチ

教科書をしっかり暗記すること

つぎに理科と社会について、まとめてふれておこう。

理科と社会の勉強は、教科書と学校の授業に重点をおくようにしよう。どちらの科目も、基本的な勉強の手順は同じだ。

【理科と社会を得意科目にするための、5つのステップ】

1 予習として教科書を音読する

2 授業をうける

3 授業があった日に、ノートやプリントを見返して、授業で習ったことを復習する

4 学校で配られるワークブックや問題集をくりかえし解く

中学の勉強は、英語と数学が中心になりがちで、国語、理科、社会にはあまり多くの時間を使うことができない。**日ごろの勉強は、予習と復習、定期テスト対策をしっかりすればじゅうぶんだ。**ただ、理科の場合、数学と同じように、どこかでつまずきがあると、取りもどすことがむずかしい。そこで**1**や**3**の段階で、教科書ガイドを使ってみるのもいいだろう。

1から**4**まではほんとうに基本的なことで、あたりまえのことと思うかもしれないね。でも、**理科と社会については1〜4をつうじて教科書の内容をしっかり暗記することが大切なんだ。**ドリル形式のワークブックをこなしていけば、しっかり記憶に定着するだろう。

中学での理科と社会は、暗記することで対応できちゃうんだ。でも、高校に入るとちがってくるよ。中学で教わることをしっかり暗記して理解していないと、高校からの理科や社会ではつまずいてしまうだろう。だから、**1〜4**までをしっかりやっておくことだ。

理科と社会の学びのカタチは2つ

❶日ごろの勉強は、予習と復習、定期テスト対策をしっかりすればじゅうぶん

❷中学での理科と社会は、暗記することで対応できる。教科書をしっかりおぼえよう

授業についていけなくなったらどうする？

じっさいには、全科目が苦手という中学生はあまりいない。人はそれぞれ、比較的得意な科目と苦手な科目があるものだ。

ひとくちに「苦手」といっても、程度の差がある。授業の内容はわかるけど、いざ試験になるとなかなかいい点数がとれない。苦手とはいってもこの程度なら、自力でも取りもどせる。さっき話したように、しっかり勉強計画をたてて、苦手な科目を勉強する時間を

きちんと確保すればいいんだ。

でも、授業がさっぱりわからない場合、かなり重症《じゅうしょう》の苦手科目になっている。そういう科目は、どこで自分がつまずいたのかもわからなくなっているから、自分の力だけで解決することはむずかしい。**そうなったときは、苦手科目を指導してくれる人や場所を見つけたほうがいい。**

てっとりばやいのは家庭教師。でも、家庭教師をつけるとけっこうお金がかかるよね。多くの家庭はそこまで余裕はないはずだ。つぎの候補《こうほ》としては、個人指導をていねいにしてくれる塾がいいと思う。

お父さんやお母さんと相談して、塾の情報を集め、できれば無料体験講座などに参加して、自分に合った塾を見つけてみよう。もし経済的な事情で、塾に通うのもむずかしいばあいには、学校や自治体に相談して、無料で学習支援をしてくれる塾を紹介してもらってもいい。

ここでの注意点は、塾や家庭教師に、ゼロから勉強を教わろうと思ってはいけないということ。そうではなくて、つまずいているところがどこかを見つけるために使うんだ。

塾のテストはよくできている。それを使って、どこができないかチェックする。あるいは家庭教師に、どこでつまずいているのかを分析してもらう。そうすると、どのぐらい時間をかければ、おくれを取りもどせるかがわかるはずだ。

きみのまわりに、適当な塾がなかったり、良い家庭教師がいなかったとしたら、第1章で紹介したスタディサプリを利用するのも手だ。

5 おまけ　5教科以外の学びのカタチ

科目はそれぞれ結びついている

きみたちのなかには、英数国理社という5科目よりも、美術や音楽、体育、技術・家庭科といった科目のほうが好きな人もいるかもしれないね。

でも、そういった科目だって、主要5科目と関係ないわけじゃないんだ。たとえば、音楽はいろんな科目と結びついている。アメリカやイギリスの音楽が好きなら、英語の歌詞を口ずさむうちに、英語への親しみがわいてくるだろう。

音楽と数学もとても密接《みっせつ》な関係をもっている。「万物《ばんぶつ》の根源は数である」と考えた、古代ギリシャのピタゴラスという人物を知っているだろうか。彼は、きみたちが中学3年の数学で学ぶ「三平方《さんへいほう》の定理」で有名だ。ピタゴラスは、「音」にたいしてはじめて数学的な研究を取り入れ、「音程」は「数の比」で表せることを発見した。現在のドレミファソラシドにあたる「音階」をつくったんだ。ピタゴラスは、数学と同時に音楽をとても愛していた。それは、音楽のなかに数学があることを知っていたからかもしれないね。

美術だって、美術のことをよく知ろうと思ったら、過去のいろんな美術作品を観《み》ることが大切だ。すると、美術はそれが生まれた時代と深くかかわっていることがわかる。そんな関心から歴史に興味をもつことだってあるだろう。また自分が描いている絵、つくっている作品をことばで説明することができれば、国語の表現力もアップする。

体育好きな人は、自分の体に関心をもつだろう。すると、理科の生物と結びつく。じっさい、一流のアスリートは、体の働きや仕組みをよく勉強しているよね。

第1章で時間管理の話をしたね。ぼくの経験でいうと、体育が得意な運動部の生徒は、時間管理がしっかりしていることが多いんだ。スポーツで結果を出すには、毎日の練習をさぼらずにきちんとこなす必要があるだろう。だから、きみがスポーツに夢中でいままであまり勉強をしていなかったとしても、あせる必要はまったくない。スポーツでつちかった自己管理の力があれば、机にむかって計画的に勉強をすすめることも、きっとうまくいくはずだ。

家庭科の料理は理科の化学と、技術は物理と深く関係している。そうやって自分が好きな科目から主要5教科のほうに関心を広げていくルートがあることも知っておいてほしい。

すべての科目が大切、このことを忘れないで

さて、ここまで話してきたとおり、きみには、とにかく1科目でいいから自信をもって

ほしい。でも、カンちがいしないでくれ。得意科目以外はまったく勉強しなくてもいい、と言っているわけではない。ひとつの科目で自信をもったら、それをバネにしてほかの科目にも興味の幅を広げていってほしいということだし、ここまで話したように、主要5科目をふくめて、あらゆる教科が重要な意味をもっているんだ。

かつては高校に入ると、文系と理系というふうに分かれてしまうことが多かった。文系の学生は数学や理科をまったく勉強せずに大学へ進学し、理系の生徒は歴史や古典の知識がぜんぜんないまま物理や数学の勉強に専念《せんねん》する、なんてことになってしまった。

その結果、分数の計算ができなかったり、明治維新《いしん》がいつのことなのかもわからなかったりするような大学生がたくさんいたんだ。

でも、この本の最初にも話したとおり、**これからは文系と理系、どちらの勉強も必要になる。**きみたちにも、この章に書いたことをふまえて、勉強のあらゆるジャンルに興味をもってほしいんだ。

4

読書だって、学びのカタチ

マンガや小説から勉強する方法

サイバラおばさんは小学四年生くらいで
わからないところがわからない
という勉強の谷に落ちたよ
高校の時学年最下位とったし
わあああ
大人になってNHKスペシャルっていうのが大好きになってこれが学ぶってことなんだなあって
おおお
そこから興味のある国は必ず自分で行ってみる
知らない国に行くって勉強なんだよ
すごく楽しい勉強だよ

優くんの読書体験

まえの章では、学びのカタチをふまえた学校の勉強とのつきあいかたについて話をした。でも、広い意味での勉強は、英語、数学、国語といった学校の勉強だけにかぎられない。中学生になるといかに「インプット」が大切になってくるかという話をしただろう。新聞やテレビ、ネットのニュースにはインプットのためのいろんな情報があふれている。でも、なにより大切なのは本なんだ。

本を読むと、学びのカタチがさらに強く、しっかりしたものになる。「本の虫」であるぼくは、そのことを実感している。だからこそ、きみたちにも本に親しんでほしいんだ。

いま、「本の虫」と言ったけれど、優くんが本を読みはじめたのは、きみたちと同じくらいの年、中学生になってからだった。塾の先生からすすめられて、たくさんの小説を読んだ。中学に入るまえには、家に本棚《ほんだな》がなかったけれど、1年生のときに1本、3年間では4本の本棚がおかれるようになった。冊数でいうと、800冊ぐらい。

高校生になってからは、むずかしい哲学書や思想書を読むようになった。文芸部に入ったんだけど、そこには作家になりたい同級生や先輩がいたから、いつもむずかしい本の話ばかりをしていた。

大学では、キリスト教について学問的に研究する神学部《しんがくぶ》というところに入った。神学部では、英語とドイツ語を一生懸命《いっしょうけんめい》勉強しなければいけない。優くんはそれ以外にも、ギリシャ語やラテン語なども勉強したから、語学の勉強にものすごく多くの時間を使った。それでも、毎日哲学書は読みつづけたんだ。

自己紹介のところでも話したように、優くんはおとなになるとある事件に巻きこまれて逮捕され、512日間、「檻《おり》のなか」に入っていた。そのあいだに、哲学や思想の本を中心に220冊読み、読書ノートを62冊つくった。

いま作家として仕事ができるのも、中学生のときからたくさんの本を読んでいたおかげ。もちろん、いまも毎日、本を読みつづけているよ。ざっと目をとおすものもふくめると、だいたい月に300冊くらいかな。

本を読むと、こんなに良いことがある

きみたちは、週にどのくらいの本を読むかい？　部活や友だちとのつきあいに忙しい、ゲームやスマホなど、楽しいことはいくらでもある。マンガはたまにながめるけれど、活字の本を手にすることはほとんどない……。こんなところかもしれないね。

でも、本を読むと、いろんな情報をインプットできるだけではなくて、きみのこれからの人生が豊かに広がっていく。何かの役にたつことを、ちょっとむずかしいことばで「効《こう》用《よう》」というけれど、読書の効用をいくつかあげてみようか。

・本を読むと、自分が経験したことのないさまざまな世界にふれることができる

自分の知らない世界の存在に気づくことは、きみたちにとってとても大切なことなんだ。学校と家を往復するだけの生活をしていると、どうしても視野がせまくなってしまう。ユーチューブを見ればいろんなことがわかると思うかもしれないけれど、自分でいろんなこと

を調べ、考える力にはつながっていかない。

・本を読むと、自分のアタマで考えることができるようになる

自分のアタマで考えるための準備として、本を読むことが大切だ。なぜだかわかるかい？本を読むことは、他人のアタマで考えることだからだ。「この人はこういう考えかたをしているのか」ということを知ったら、いったんアタマを白紙にして、別の人の本を読む。そうして、いろんな人の考えかたを知ると、だんだん自分のアタマで考えることができるようになるんだ。

・本を読むと、他人の気持ちになって考えることができる

最近のはやりのことばに「コミュ力」なんてのがあるね。他人とうまくつきあうことができる力、コミュニケーション能力のことだ。中学に入ると、クラスのなかだけではなくて、部活や塾などで人間関係が広がっていくだろう。きみは、いろんなタイプの人たちとどううまくつきあっていくか、悩むことも増えていくはずだ。

すぐれた小説を読んでいると、「こんなときに、人はこんなふうに考える」ということがわかってくる。その気づきは、きみのコミュ力を飛躍的《ひやくてき》に高めるだろう。読書は他人の気持ちになって考えることのレッスンになる。

この本の最初でもちょっと話したことだけど、これからは、AI（人工知能）が人の仕事を奪っていくなんていわれているだろう。でも、いまのAIには人の気持ちなんてとても理解できない。だからこそ、このレッスンが重要なんだ。

・本を読むと、「知的身長」が伸びてくる

ときには、おとなが読むようなむずかしい本にチャレンジしてみる。もちろん、最初は歯がたたないかもしれないよ。でも、周囲の助けも借りてページをめくっていくうちに、きみは知的に成長していく。本にあわせて、「知的身長」が伸びてくる、といってもいい。

そのほかにも、**「本を読むことで、感情をうまくコントロールできる」「読書をとおして人とのつながりが生まれる」**、そしてもちろん**「読書は勉強の助けになり、学びのカタチをしっかりしたものにしてくれる」**。

いまあげた「効用」について、これからくわしく話していこう。

本は出会いかたが大切

ここまでぼくが言ったところで、きみはまだ読書なんて面倒くさいと思っているかもしれないね。でも、それはまだおもしろい本と出会っていないだけだと思う。

ここでまた優くんの話をしよう。さっきも話したとおり、優くんは中学生になるまで小説を読んだことがなかった。はじめて読んだ小説は、フランスの作家モーパッサンの『首かざり』という本だ。もちろんモーパッサンのことなんて知らなかった。たまたま塾の国語の先生が、宿題として指定した本だったんだ。

なかなかうまく言えないけど、この本を読んだとき、心のなかの「何か」が揺《ゆ》さぶられた。このことがきっかけで優くんは、本を読むのが大好きになった。

でも、本との出会いかたが悪いと、逆に本がきらいになってしまうこともある。名作といわれる小説は、古い時代に書かれたものだから、きみたちが読んでもピンとこないものも多い。

第1章のスケジュールノートの例に夏目漱石《なつめそうせき》の『坊っちゃん』のことが書いてあるね。『坊っちゃん』は、きみたちが読んでもすごくおもしろいはずだ。でも、同じ漱石でも『吾輩《わがはい》は猫である』や『こころ』はすごく有名だけど、おとな向けの小説だから、きみたちが読んでもなかなか理解できないかもしれない。にもかかわらず、いきなりそういった名作を読まされると、読むのが苦痛になって、本ぎらいになってしまう。

だから、**本との出会いかたがとても重要なんだ。**そこでまずは、きみたちが読んでまちがいなくおもしろいと思う本をいくつか紹介することにしよう。同時に、本のさがしかたについてもアドバイスしてみたい。

いままであまり本を読んでいないからといって、本を苦手に思う必要はない。それは楽しい本と出会えなかっただけだ。そう思って、ここからの話を聞いてほしい。

1

マンガや小説でも、学びのカタチ

マンガ2度読み作戦

いきなり本を読むのがおっくうな人は、まずマンガを読もう。マンガには活字がある。だからマンガのセリフをきちんと読むことは、本を読む第一歩になるんだ。

たとえば『約束のネバーランド』というマンガを知っているかい？　優くんはこのマンガが大好きだ。話の展開がスリリングだし、なにより登場するさまざまなキャラクターたちが魅力《みりょく》的でつい引きこまれてしまうんだ。

もしきみが、活字が苦手だっていうんなら、まずは吹きだしのなかの活字をななめに読みとばして、『約束のネバーランド』の絵だけをざっとながめていく。これで、ストーリーの展開はだいたい頭に入っただろう。

つぎにもう一回、こんどは吹きだしのなかをじっくり味わって、登場人物の気持ちまでを考えながら、あらためて読みなおしていくんだ。そうすると、それぞれのキャラの表情や背景と対応するかたちで、吹きだしのなかの文章がいかにうまく書かれているかがわかるだろう。これが、活字になじむための第一歩だ。

マンガの世界は広い。冒険《ぼうけん》、ファンタジー、歴史、スポーツ、SF、恋愛、ホラーなど、じつにさまざまな分野がある。多くのマンガは雑誌で連載し、それを単行本にまとめて出版している。マンガ雑誌は種類がとても多い。「少年ジャンプ」「少年マガジン」「りぼん」「ちゃお」など、少年少女むけの雑誌もあれば、大学生や社会人を対象としているマンガ雑誌もある。

宇宙飛行士をテーマにした人気マンガ『宇宙兄弟』は、おとなむけの「モーニング」という雑誌で連載している。

おとなむけのマンガは、現実社会の出来事をていねいに取材した作品も多い。たとえば、『ましろ日』というマンガがある。このマンガは、視力を奪われた視覚障がい者のマラソンを描いたものだ。そして、物語を通じて、障がいがある人とない人がどうつきあっていくか、人間と人間の信頼がどのように育っていくかを考えさせるようになっているんだ。

あるいは、男子だったら女子むけの、女子だったら男子むけのマンガを読むと、異性のことがよくわかるかもしれない。ここで紹介した「2度読み作戦」でいろんなマンガを読めば、活字の世界に分けいっていく第一歩になるだけではなく、世の中の見かたがどんどん豊かになっていくはずだ。

勉強が楽しくなるマンガだってある！

なかには、**学校の勉強が楽しくなるようなマンガもある。** いま圧倒的な人気を得ている『キングダム』は、中国の春秋戦国《しゅんじゅうせんごく》時代（紀元前770〜紀元前221年）を舞台とした歴史マンガだ。これまた優くんが大好きなマンガで、『武器を磨《みが》け――弱者の戦略教科書『キングダム』』という本まで書いているくらい。

『キングダム』のような歴史マンガを読むと、歴史を勉強するのが楽しくなるだろう。ほかにも、同じく中国の三国《さんごく》時代（3世紀ごろ）を描いた横山光輝《みつてる》先生の『三国志』、フランス革命を舞台にした池田理代子先生の『ベルサイユのばら』などもおすすめだ。

こういった作品に興味をもったら、それに関連する映画や本に挑戦してみよう。

たとえば『ベルサイユのばら』でフランス革命に興味をもった人は、歴史学者の遅塚忠《ちづかただ》躬《み》先生が書いた『フランス革命――歴史における劇薬《げきやく》』を読んでみるといい。この本は中高生むけに書かれているけれど、おとなにとっても読みごたえのある名著だ。

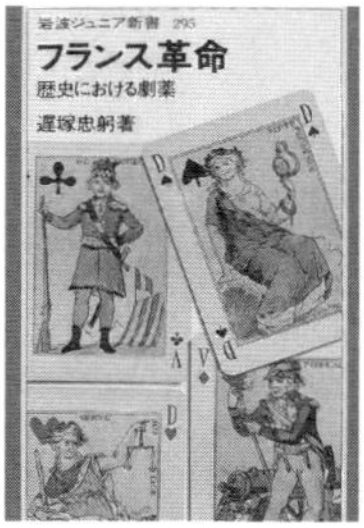

少女からおとなの女性まで大人気の『ちはやふる』は、百人一首の大会に挑む高校生が主人公だ。読んでいくうちに、百人一首に興味をもったら、実際に百人一首を買ったり、解説した本を読んだりしてみよう。

たとえば、『百人一首　くもんのまんがおもしろ大事典』は、30年以上も読みつがれているロングセラーだ。『ちはやふる』がヒットしたせいもあって、百人一首を扱った少年少女むけの本はたくさん出ている。どれがいいか迷う人は、書店に行ってみて、店員さんにどんな本がいいかを聞いてみてもいいよ。

もっと学校の勉強に近いものだと、集英社から出ている『学習まんが 日本の歴史』というシリーズがある。これは、旧石器時代から平成までの日本の歴史をマンガにしたものだ。学問的な歴史研究にもとづいているので、高校受験にも役にたつレベルになっている。

国語が好きな人は、中公文庫の「マンガ日本の古典」シリーズをすすめたい。水木しげる先生の『今昔物語《こんじゃくものがたり》』やさいとう・たかを先生の『太平記《たいへいき》』、竹宮惠子先生の『吾妻鏡《あづまかがみ》』など、日本を代表するマンガ家が作者として名をつらねている。こうしたマンガで古典に親しんでおけば、国語の授業で学ぶ古文に苦手意識をもたなくなるはずだ。

数学や理科に興味をもつきっかけとなるマンガもたくさんある。『数学と文系ちゃん――役に立つ数学のススメ』は、学園生活を舞台に、数学のおもしろさを伝えてくれる。さまざまな菌《きん》が登場する『もやしもん』や、細胞たちを擬人《ぎじん》化した『はたらく細胞』シリーズを読めば、生物に興味が出ることうけあいだ。

ここまで、おすすめのマンガを紹介してきたけれど、まえに話した「2度読み作戦」はぜひ実行してほしい。活字は読みとばして、絵だけを追ってしまうと、文字を読む力は育たない。マンガのなかには、文字量の多い作品もけっこうある。そういったマンガを読めるようになると、読書の力も自然とついていくんだ。

おすすめ小説の1冊めは『時をかける少女』

マンガで物語のおもしろさを知ることができれば、小説を読んでも苦にならない。映画化されている「ハリー・ポッター」シリーズや、「シャーロック・ホームズ」シリーズなどは、謎解きの要素があるから、読み出すととまらなくなる。映画と見くらべてみるのもいい勉強になるだろう。

おもしろい小説を知るには、本にくわしい人に教えてもらうのがてっとりばやい。本好きの友だちがいるなら、「おもしろい本を教えて」と聞いてみよう。友だちに本好きがいなければ、図書館の司書の先生や国語の先生に聞いてみるといいだろう。

本が好きな人はみんな、自分の好きな本をだれかにすすめたいと思っている。優くんも塾の国語の先生から、たくさんの本をすすめてもらって小説を読むのが好きになった。だからきみたちも、遠慮《えんりょ》せずにどんどんおもしろい本をたずねてみよう。

マンガのつぎに小説を手にしようと思っているきみへのおすすめは、筒井康隆《つついやすたか》先生の『時をかける少女』だ。この小説が発表されたのは1965〜66年。50年以上もまえの小説なのに、いまだに中高生たちに読みつがれているんだ。

この小説の主人公は、中学3年生の少女だ。彼女は、ある出来事をきっかけにして、自分が時間と場所を超えて移動できる能力があることを知る。なぜ突然、時間や空間を超えることができるようになったのか。謎が解けると同時に、謎はなかったことになってしまう。そんなふしぎな読後感を与えてくれる小説だ。

短い小説なので、2、3時間もあれば読めてしまう。でもそのなかに、SF的なおもしろさもあれば、大切な人と別れることの悲しみ、人間にとって記憶とは何かといった問題など、いろんな要素がつめこまれている。だから男女問わず、そして時代を問わず、だれが読んでも引きこまれるんだ。

アニメもふくめればもう4回も映画化されているので、本を読んだあとは映画を見てみるといい。同じ小説をもとにしているのに、4本の映画それぞれからまったくちがう印象をうけるはずだ。それぞれの映画の特色やちがいを考えてみることも、広い意味での勉強だ。

小説を読むことは感情のレッスンになる

『時をかける少女』もそうだけど、すぐれたマンガや小説には、人間関係から生じる複雑な感情が描かれている。喜び、悲しみ、怒り、切《せつ》なさ、落胆《らくたん》、絶望……、**そういった感情を読みとることは、現実の生活のなかで自分の感情をコントロールするレッスンにもなる。**

たとえば、あさのあつこさんの『バッテリー』という青春小説がある。

この本は、野球に熱中する少年たちの成長を描いた物語だ。主人公の原田巧《たくみ》は、天才的な剛速球投手《ごうそっきゅうとうしゅ》。そして「おれが投げられない球を他のやつが投げられるなんて、許せないんだ」なんてことを平気で言ってのけるほど、自分の才能に自信満々だ。でも、ただのうぬぼれ屋ではなく、野球のためなら努力を惜しまない。

中学入学目前の春休みに、巧が家族とともに岡山県の田舎《いなか》に引っ越すところから物語ははじまる。新しい町で巧は、中学校でバッテリーを組むことになるキャッチャーの豪《ごう》と出会う。2人が出会って間もないある日、豪のお母さんは、巧にこんなことを言ってしまう。

「あのね、野球、やめるように言《ゆ》うてもらえんかしら」

豪のお母さんは、豪に野球をさせるのは小学校まで、中学校からは塾で勉強に専念してほしいと思っている。豪のお母さんの言いぐさにムカついた巧は、「おばさん、野球って、させてもらうもんじゃなくて、するもんですよ」と言いはなつ。

こんなワンシーンからだけでも、この本がふつうのスポーツ物語でないことがわかるだ

ろう。巧と豪、さらに2人をとりまく友人やライバルたちは、多くの中学生と同じように、家族の問題、先輩や顧問《こもん》の先生との関係、将来の進路について悩みながら、それぞれの道を歩んでいくんだ。この小説も『時をかける少女』と同じように、中高生に読まれつづけている。それは、登場人物たちが抱える問題を、多くの中高生が共有しているからだろう。

この本を読んで登場人物たちに共感したならば、つぎに、もし自分が巧だったならば、どういうふうにふるまっただろうか、あるいは、どのようにふるまえばよかったかを想像してみるんだ。そんなシミュレーションをしてみることで、**自分のおかれている状況を客観的に見ることができるようになる。**これも本を読む「効用」のひとつだ。

クラスで浮《う》いてしまう人のための小説

綿矢《わたや》りささんの『蹴《け》りたい背中』という小説を例にとってみよう。

綿矢さんは、2004年、19歳のときにこの小説を発表し、芥川賞《あくたがわしょう》という有名な文学賞を受賞した。

主人公のハツは、高校1年生だ。クラスで仲間はずれにされているわけではないけど、どのグループにもうまく加われない。彼女には、中学時代からの友人絹代《きぬよ》がいる。でも、高校生になって、絹代は男女混合のグループに入ってしまった。ハツもこのグループに誘われたんだけど、断るんだ。どうしてかというと、ハツは、どこかさめた目をもっているんだね。だから、流されるように他人にあわせることには抵抗があるんだ。

中学生でも、こういう感覚がわかる人はいるかもしれない。仲間はずれにはされていないけど、どのグループにもなじめず、さびしさを抱えている。綿矢さんは、そういう人物の気持ちを描くのがとてもうまい。

ハツは、自分と同じくクラスのあまり者のような同級生の男子と仲良くなる。でも、この男子というのが、「オリチャン」というモデルに熱狂するオタク少年なんだ。物語は、ハツとこのオタク少年のおかしな交流を描いていく。どうして「蹴りたい背中」なのかは、ぜひ自分でこの小説を読んでみてほしい。

いいかい。この小説に出てくるハツやオタク少年のように、ひとつのクラスのなかにも、いろんなタイプの人間がいるんだ。仲間にすぐになじめる人もいれば、ひっこみ思案《じあん》でなかなかうちとけることができない人間もいる。

でも、自分と仲良しの人ばかりとつきあうと、自分とかけ離れた人間の気持ちになることはむずかしい。だから、『蹴りたい背中』のような小説を読んで、**他人の気持ちを理解するレッスンを経験すること**には意味があるんだ。

自分にはできない経験を小説から学ぶ

それに加えて、マンガや小説には、自分にはできない経験について知るという側面もある。ぼくたち一人ひとりが個人的に経験できることにはかぎりがある。でも、マンガや小説にはいろんな経験をもった人物が登場する。想像を絶するような悪人が登場することだってある。ちょっとむずかしくいうと、**「代理経験」**ができるっていうこと。

たとえば宮下奈都《なつ》さんの『羊と鋼《はがね》の森』という小説がある。この小説は、本屋さんが多くの人に読んでもらいたい本を選ぶ「本屋大賞」に選ばれたこともある作品だ。

この小説の主人公は、高校生のときに、偶然、ピアノの調律師《ちょうりつし》と出会い、専門学校に通ってピアノの調律師をめざすんだ。じっさいの生活のなかで、ピアノの調律師がどのような職業かを知る機会はほとんどない。でも小説を読むと、ピアノの調律師がどんなことに悩み、どういう努力をしているのかを知ることができる。

そうやって小説を読んで、いろんな経験について知ることは、人間を豊かにするんだ。だってそうだろう。いろんな経験や人生を知っていれば、それだけ他人の気持ちになって考えることもできる。友だちから悩みごとを相談されたときに、この小説を読んでみるといいよと、アドバイスの代わりに本をすすめることもできる。

ほんとうの勉強というのは、いい点数を取るためにするものじゃない。勉強は、自分の人生や自分が暮らす社会を豊かにするためのものなんだ。

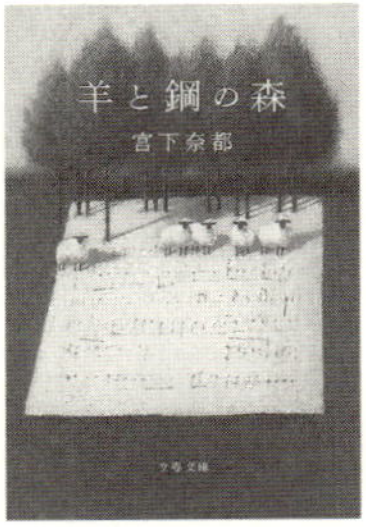

勉強が楽しくなる本を紹介しよう

マンガについてふれたとき、勉強が楽しくなるマンガのことを紹介したね。同じように、**勉強が楽しくなる本**もいろいろある。

たとえば数学が苦手なきみは、『数の悪魔——算数・数学が楽しくなる12夜』（ハンス・マグヌス・エンツェンスベルガー著）という本を読んでみるといい。

この本の主人公ロバートも大の数学ぎらいだ。そんな彼の夢のなかにあらわれるのが、よりによって「数の悪魔」というからたいへんだ。でもこの悪魔は、おかしなことに、九九や計算問題と数学とはまるでちがう、なんて言いはじめる。「計算するんだったら、計算機があるじゃないか」とも。

そこでいよいよ、悪魔による数学のレッスンがはじまる。悪魔が教えるのは、数がどんなにマカふしぎなものかということだ。ふしぎだらけのレッスンに、算数ぎらいのロバートは「すごい」「おもしろい」と身を乗りだす。きっときみもロバートのように、数というもののふしぎな性質に驚《おどろ》くにちがいない。

これはあくまで一例だ。どんな科目にも、それに関連する楽しい本がたくさんある。優くんの友だちの池上彰さんは、『14歳からのお金の話』や『池上彰の世界の見方――15歳に語る現代世界の最前線』など、中学生むけの本もたくさん出している。池上さんはむずかしいことをやさしく解説する名人だ。こういった本を読むと、暗記科目になりがちな社会科がきっと楽しくなるだろう。

もうひとつおすすめしたいのは、**お気に入りの図鑑を手もとにおいておくこと。**最近は、ユニークな図鑑がたくさんあるよ。

『小学館の図鑑ＮＥＯ＋ぷらす　[新版]　くらべる図鑑』は、生きものや宇宙、地球、世界や日本など、ありとあらゆるものをくらべつくすユニークな図鑑で、ぼくのお気に入りだ。この図鑑をめくって読んでいけば、理科や社会への興味も高まってくるはず。

『New Scientist　起源図鑑　ビッグバンからへそのゴマまで、ほとんどあらゆることの歴史』は、書名が示すとおり、さまざまな事物《じぶつ》の「はじまり」を解説した図鑑だ。これは読みごたえもあるからいい読書にもなる。

こんなふうに、さまざまな分野でビジュアル的な工夫をこらした図鑑が数多く出ている。図鑑を読むのも読書のうちだ。教科の勉強につかれてしまったときは、図鑑をながめてリラックスしよう。

マンガや小説で「学ぶ」、４つのポイント

❶マンガのセリフをきちんと読むことは、本を読む第一歩。「マンガ２度読み作戦」にチャレンジしよう

❷歴史や古典などをテーマにした、勉強が楽しくなるマンガもある。マンガを読んでそのジャンルに興味をもったらしめたもの。ぜひ、関連する本にも手を伸ばそう

❸小説を読むことは、自分の感情をコントロールし、客観的にとらえるレッスンになる。他人の気持ちになってものごとを見ることもできる

❹自分が経験したことのないさまざまな世界について知識が増えるだけではなく、「代理経験」もできる

2 本をさがす旅に出よう

本の「師」を見つけよう

中学生のうちは、とにかく本好きになることが先決《せんけつ》だ。だから手あたりしだいに、自分の気に入った本を読んでいけばいい。

じゃあ、どうすればおもしろい本に出会えるだろうか。

【本のさがしかた　4つのポイント】

1 友だちや学校、塾の先生に聞く

2 家族、親戚《しんせき》に聞く

3 図書室、図書館に行ってみる
4 本屋さんに行ってみる

1と**2**は身近な人に、おすすめの本を聞いてみるというものだ。まえにも話したように、本が好きな人はみな、本をすすめるのも好きなはずだ。だからきっといろんな本を教えてくれる。優くんの塾の先生はこんなことを言っていた。

「知識は、それをうけいれる力がある者に伝える。そして、その知識を得た者が、いつかおとなになったら、自分の知識を若い者に伝えればいい」

マンガにかんしては、おとなよりもきみたちのお兄さんやお姉さん、友だちのほうがくわしいかもしれない。

ここでまた、優くんの経験を紹介しよう。**本について教えてくれる人は、自分にとって大切な「師《し》」になってくれる可能性が高いんだ。**

優くんは中学生のとき、お父さんとお母さん、塾の国語の先生、英語塾を開いていた牧師の先生、そして同級生からも、勉強だけではなくいろんなことを教わった。本の話をすることは、学校とはちがう世界について話をすることにもなる。優くんも塾の先生と本の話をすることで、おとなの社会の雰囲気《ふんいき》をひと足先に知ったんだ。

偉人伝を手にとってみよう

さっき読書をすることで代理経験ができると言ったよね。もしきみのまわりに、「師」が見つからなかったら、**読書をとおして師弟関係を「代理経験」することだってできるんだ。**

社会科の教科書を開いて、近代の世界史について解説したページを見てごらん。レーニンという人のことが書いてあるだろう。第3章でもちょっと話したけれど、この人はマルクスの影響をうけて、ロシア革命を成功させて、世界初の社会主義国家をつくった革命家だ。

こう書くと、ずいぶんと人望《じんぼう》を集めた人物に感じられるよね。でも、じつはこの人はそうとうの変わり者で、友だちがあまりいなかった。それで何か困ったことがあって行きづまると、「マルクスに相談に行く」と言って、いつも図書館にこもってはマルクスの本を読みふけっていた。読書をつうじてマルクスと師弟関係になり、カッコよく言うと、時間を超えたコミュニケーションをおこなっていたんだ。

「きみたちもレーニンのようになれ」と言っているわけではないよ。現実の人間関係はとても大切だからね。でも、ときには本のなかに尊敬できる人物をさがしてみるのも悪いことではない。図書館に行くと、偉人伝《いじんでん》のコーナーがあるだろう。何冊かパラパラ目をとおしてみて、きみにとっての「尊敬できる師」をさがしてみたらどうだろう。

おすすめの偉人伝？　何冊かあるけれど、ちょっと背伸びして挑戦してほしいのが、E・T・ベルという人が書いた『数学をつくった人びと』という本。文庫本で全3冊のボリュームだけど、まずは第1巻から読んでみよう。ニュートンやガウスといった人たちがいかに悪戦苦闘して数学を切りひらいていったかが、おもしろいエピソード満載《まんさい》で書かれている。教科書にのっている偉人たちがぐっと身近に感じられ、数学の勉強がさらにおもしろくなるという効果まであるよ。

図書館や図書室、書店に行ってみよう

3と4は、自分自身で本をさがすための方法だ。学校の図書室や自分が住んでいる地域の図書館に行けば、さまざまな分野の本がおいてある。

おめあての本があるなら、それをさがしてみてもいいし、目的なくぶらりと歩きまわってもいい。気になった本があれば、手にとってパラパラとめくってみよう。そしてもっと読みたいと思ったら、席に座ってじっくり読んでみよう。読みきれないなら、貸しだしの手続きをすればいい。地域の図書館のカードをつくると、ちょっとおとなになった気分を味わえるかも。

書店に行くのもいい経験になる。住んでいる場所によっては近くに書店がない人もいるかもしれないけど、機会を見つけて書店や古書店に行ってみてほしい。書店には、図書室や図書館とはまたちがう楽しさがある。

たとえば、図書館や図書室には学習参考書や問題集はあまりおいていない。でも書店に

は、中学生むけのさまざまな教材がおいてある。本をさがすついでに、参考書のコーナーをながめてみるのも勉強のいい刺激になるだろう。

もちろん書店の店員さんに、本の相談をしてみてもいい。店員さんだって若い人にたくさん本を読んでもらいたいと思っている。きっといいアドバイスをしてくれるはずだ。

書店さんや図書館に行けば、マンガや小説だけではなくいろんな本があると、あらためてわかるだろう。宗教や哲学、自然科学から政治や経済まで、むずかしそうな本もたくさんある。こんなむずかしそうな本は自分とは関係がないと決めつけないこと。結論を出すことを急いではいけないよ。いろんな人のおすすめを聞いて、そのジャンルに興味をもったなら、新書などの入門書を手にとってみよう。

本にあわせて「知的身長」が伸びてくる

第3章で、大病をして学校を休み、成績が下がった優くんに、お父さんがアマチュア無線の免許の試験を受けることをすすめてくれたことは話したね。これはむずかしい試験に合格させて、「やればできるんだ」という自信をつけさせるためだったんだ。優くんのお父さんは、こんなことを言っていた。

「人間の能力はむずかしいことに挑戦しないと絶対に伸びない。試験に落ちることをこわがっていたらダメ」

きみたちだって、受験勉強は受験勉強としてやって、同時に知的な関心は本を読んでどんどん伸ばしていく。背伸びしたいと思うときに背伸びしておくことが大切なんだ。

最初は背伸びでも、しだいに身長が本にあわせて伸びてくる。

ここでまた、優くんの塾の国語の先生に登場してもらおう。先生は子どもたちにちょっとむずかしい本を読ませたり、読書感想文を書かせたりした。なんでそんなことをするのか、あるとき先生は優くんにこそっと教えてくれたんだ。

「きみたちのいまの実力よりも2割増しくらいの課題を与えることで、知的能力を引きだすことが必要だから」

大学生や社会人になってから役にたつ本の読みかたを、早いうちに身につけておくのは、悪いことではない。しかし、あせらないことだ。知的に吸収する能力が伸びる時期は、人によってちがう。中学生のときに伸びる人もいれば、高校生のとき、大学生のときに伸びる人もいる。きみがいまできる範囲で一歩踏みだしてみよう。

古典に挑戦するなら「100分de名著」がおすすめ

といっても、世の中には専門家の手ほどきをうけないとどうしても理解できない本がある。たとえば、聖書。マルクスが書いた『資本論』なんかもそうだ。ヨーロッパやアメリカなどのキリスト教文化圏《ぶんかけん》の人たちの考えかたを知るためには、聖書を読んでおくといいし、いまの世の中のしくみを理解するうえで、『資本論』を読んでおくことはすごく役にたつ。

でも、この2冊をはじめとして、「古典」といわれる本には、いまのきみの能力をはるかに超えるものもある。高校生や大学生になってから、「師」の指導をうけながらじっくりと取りくんでみよう。

つまり、**自分の能力の2割増しくらいの本を選ぶことがポイント**というわけだ。ポイントは、**机にむかって60分間、集中して読みすすめることができるかどうか、**だ。極端《きょくたん》な背伸びのばあい、60分読んでもぜんぜんわからないだろう。そうなったら本をいさぎよく閉じて、別の本にチャレンジするか、内容を解説して読みかたを教えてくれる人（師）をさがすことだ。

ただし、60分読んでもチンプンカンプンのばあい、極端な背伸びをしているほかにも、もうひとつ理由がある。内容がデタラメでいい加減に書かれている本も、理解不能だ。両者を見分けることもまたむずかしい。信頼できる人にアドバイスをもらおう。

きみがそれでも、古典にひとりで挑戦しようと思うのならば、ＮＨＫのＥテレで放送されている「１００分ｄｅ名著」という番組をすすめたい。さまざまな古典の読みどころを専門の先生たちがわかりやすく解説しているから、まずはこの番組を見て、放送テキストを読んでみよう。それから原典《げんてん》を手にとれば、ムリなく読みすすめられるかもしれないよ。

印象にのこったところはノートに書き写してみる

ぼくはいままで、いろんな本や雑誌で、おとなにむけて本の読みかたを紹介してきた。そのなかのひとつに、気に入ったところを抜き書きするという方法がある。印象にのこる文章でもいいし、セリフでもなんでもいい。「この文章はいいな」と思ったところは、ノートに書き写してときどき見かえすようにしよう。それは読書の記録にもなるし、第2章で話したインプットにもなるんだ。

プロの作家のなかには、昔の名作や古典を書き写して修業をしたという人がときどきいる。すぐれた文章を書き写すことは、ことばのリズムを体にしみこませるのにとても大切なんだ。「学ぶ」は「真似《まね》ぶ」、つまりマネをすることから来ている。ぼくもいまだに、本を読んで印象にのこったところはノートに書き写すようにしているんだ。

もうすこしむずかしい作業に「要約」がある。ぼくが中学生のときに通っていた塾では、本の要約と感想文が宿題として出されていた。第2章でも紹介したけど、要約というのは、要点やあらすじを短くまとめることだったね。これも、書く力を身につけるうえでとてもいい勉強だ。

ただ、一人でやるのはむずかしい。もし挑戦してみたい人がいたら、学校や塾の国語の先生に見てもらえないか、相談してみてもいいだろう。

本を読む力をすこしずつ育てよう

ここまで読んで、本を読みたい気持ちが湧いてきただろうか。

おとなにはよく言っていることだけど、本にはじょうずな読みかたというものがある。掛け算や割り算がわからなければ、分数の計算もわからない。それと同じように、小説であれ小説以外の本であれ、いきなりむずかしい本を読むことはできない。読みやすい本からはじめて、読書に慣れていくことで、だんだんむずかしい本も読めるようになっていくんだ。何度か話したとおり、背伸びをしていくうちに、本にあわせてきみの知的身長も伸びていく。

その第一歩はマンガでも絵本でもいいし、ライトノベルのような物語でもいい。とにかく1冊の本を読みとおし、また別の本に手を伸ばす習慣をつけることが大切だ。

いまは、おとなでも本を読む人はけっして多くない。電車に乗れば、みんなスマホばかりながめている。おそらくスマホをいじっている時間を合計すれば、本を何冊も読むことができるのに。

といっても、人生で集中して勉強できる時間は、じつはそう長くはない。優くんのお父さんとお母さんは、勉強したいと思う時期に戦争があり、じゅうぶんに勉強できなかった。社会人になってみると仕事に追われてできなかった。「だから優くんには好きなときに好きなことを思いっきり勉強してほしい」と言ってくれたんだ。

ぼくも、きみたちに言いたい。**好きなときに好きな本を思いっきり読んでほしい、**と。

おわりに

偏差値なんて気にするな

さあ、この本もいよいよ終わりに近づいてきた。

ここまでの内容を読んでどう思ったかい？　「これならできるかも」と思ったところもあるかもしれないし、「こんなのムリ！」と感じたところもあるだろう。

それでいいんだ。第1章と第2章では、大切な5つの「学びのカタチ」を、第3章では主要5教科の勉強法を、そして第4章では読書の方法についてみんなに紹介した。このなかの1つでも2つでもいいから、自分でもできそうなことからはじめてくれればいいと思う。

この本ではあまりふれることができなかったけど、12歳あたりを境目《さかいめ》として、きみたちはさまざまな人間関係に悩みをもつことが多くなるだろう。先輩、後輩、クラスの同級

あなたが笑うとあなたの大切な人が笑うよ
まず自分が笑顔になるためにどうするか
その笑顔を大好きな人達に分けるにはどうすればいいか
私にとって勉強して大人になるってこんな感じでした

生、家族……、中学生になると行動範囲も広がるから、そのぶん、人間関係も広くなるし複雑にもなる。

悩みを抱えたとき、ひとりで解決するのはとてもむずかしい。お父さんやお母さんはもちろん相談に乗ってくれると思うけど、家族以外でなんでも相談できる先生や友だちがいることは、とても大切だ。

優くんも中学生のときに、塾の先生、親戚《しんせき》、友人、キリスト教会の牧師さんなど、そのときどきに、いい師《し》や友人に恵まれた。師から受け取ったたくさんのものを、ぼくもつぎの時代をつくる人たちに手渡したい。そう思ってこの本を書いたんだ。

「マニュアルことば」ではほんとうのコミュニケーションはできない

これからは人間の社会や生活のなかに、ＡＩやロボットがどんどん使われるようになる。だけど、ＡＩやロボットにはできないことがあるって話したよね。それは、ことばの意味を理解することだった。

ことばの意味を理解するということは、文字で書かれた文章だけにかぎったことじゃない。たとえばぼくたちは、友だちが沈《しず》んだ様子でいたら、「どうしたの？」と声をかけるだろう。すると友だちは「なんでもないよ」という。

でも、友だちの表情を見れば、なんでもないわけがないとわかる。そうして、もうすこしことばをかけて話をしたらいいのか、それともそっとしておいたほうがいいのか、自分自身も悩みながら、友だちとどう接するかを決めるんだ。

友だちのことばの意味を考えながら、自分がこう言ったらどう思うだろうかと、先のことまで考える。こういう複雑な意味のやりとりは、ＡＩやロボットにはけっしてできない。

逆に言えば、ＡＩのようなことばしか使えない人間になってしまうのは、とてもまずいということだ。

たとえばファミレスで、なかなか食事が出てこなくてイライラしているお客さんがいたとしよう。お客さんは、つぎの予定まで時間がないみたいで、時計をチラチラ見ている。その人に対して、ウェイトレスがマニュアルどおりに「ごゆっくりどうぞ」と声をかけたら、きっとお客さんはよけいにイライラするにちがいない。「オレはゆっくりできないんだ！」ってね。

相手の様子や態度を考えずに、決められたことばをかけるだけなら、ＡＩにもできる。でも、マニュアルどおりのことばでは、人間は理解しあえないんだ。

ほんとうのコミュニケーションというのは、たんなる情報のやりとりじゃない。**おたがいがそれぞれの気持ちを考えながら、適切なことばをかけあっていくのがほんとうのコミュニケーションだ。**だから場合によっては、無言でいることが大切なコミュニケーションになることだってある。

第４章で、小説を読むことは感情のレッスンになると話したね。小説には、さまざまなタイプの人間や感情が描かれている。小説を読むことは、ほんとうのコミュニケーションをするための予行演習になるんだ。

そのうえで、友だちや先輩・後輩など周囲の人たちとじっさいにコミュニケーションするときには、「いま、相手はどんな気持ちなんだろう？」と、おもんぱかってみる。

ＡＩが幅をきかせる時代には、人の気持ちがわかること、相手をおもんぱかる力がなにより大切になってくる。このことを忘れないでほしい。

なんのための「学びのカタチ」？

この本の最後に、大切なことをきみたちに伝えたい。

それは、偏差値に縛《しば》られないでほしい、ということだ。きみには、有名高校や有名大学に合格することだけを目標とするような、そんな人間にはなってほしくない。

「えっ？　そんな！」。きみたちはズッコケるかもしれないね。「ここまで「学びのカタチ」を紹介してきたのは、偏差値を上げるためじゃなかったの？」。じつは、ちがうんだ。

聞いてほしい。偏差値というのは、ちょっとむずかしく言うと、**「加熱《かねつ》と冷却《れいきゃく》のメカニズム」**なんだ。どういうことか、説明しよう。

きみが中学3年生になると、希望どおりの高校に進学するために、いやでも偏差値を意識するようになるだろう。先生をはじめ、まわりのおとなたちは「偏差値を上げろ！」とやかましく言う。それにこたえようと、きみはだんだんヒートアップしていく。加熱していくんだ。

でも、受験が近づいてくると、先生にこんなふうに言われるかもしれない。「いまの偏差値では難関高校はとてもムリ」。きみがよほどの高偏差値でないかぎり、こう言われる可能性は高いだろう。そうすると、きみは一気にクールダウンしてしまう。冷却だね。「いまの自分の偏差値では絶望的なんだ」と、やる気がなくなってしまうかもしれない。

高校生になっても同じことがくりかえされるだろう。考えてごらん。東大や有名私大に合格できるのは、ほんの一握りだ。もちろん、きみがその「一握り」に入れるならいいよ。でも、ほとんどの人は、偏差値という数字に踊らされて、過熱と冷却をくりかえすばかり。金属は急速に熱したり冷ましたりをくりかえすと、だんだんもろくなってきて、そのうちポキンと折れてしまう。きみの心だって同じことだ。

偏差値がそういうしくみ（メカニズム）だってことを、おぼえておいてほしい。こんなものに一喜一憂《いっきいちゆう》して、偏差値が下がるたびに「自分はダメな人間だ」なんて思う必要はまったくないんだ。

「学びのカタチ」を身につけてほしいのも、偏差値を上げるためじゃない。本を読んでいろんな知識を得ることや、自分で何かを調べて新しいことを発見すること、むずかしい数学の問題を解くこと、英単語を暗記して英語の文章がわかるようになること……、これらはぜんぶ楽しいことなんだ。**勉強をするのは、きみの人生を楽しく、豊かにするためだ。**「学びのカタチ」をふまえて勉強をつづければ、人生はどんどん豊かになっていく。

「偏差値エリート」といわれる人たちがいる。東大を出て、「国家公務員採用総合職試験」というむずかしい試験にとおって霞《かすみ》が関《せき》の中央官庁で官僚になった、いわゆる「キャリア」と呼ばれる人たち。有名私大を出て、大企業に就職して出世コースを歩む人たち。一時期、こういう人たちを「勝ち組《ぐみ》」といった。**でも、「偏差値エリート」というだけで「豊かな人間」だと言えるだろうか？**

優くんは、同じ採用試験でも「外務省専門職員試験」をうけて「ノンキャリア」として外務省に入ったんだけど、周囲のキャリア組はもとより専門職もみんな中学のころから偏差値エリートだった。でも残念なことに、キャリア組全員が「豊かな人間」ではなかったんだ。

人への思いやりの気持ちがまったくなく、セクハラ&パワハラまがいのことをくりかえしたあげく、部下をノイローゼにしたヤツ。出世するために、同期の足をひっぱる作戦を一日中考えているようなヤツ。専門職では出世に限界があるので、途中でイジけてしまってまじめに仕事をしなくなるヤツ、上司や同僚《どうりょう》の悪口ばかり言っているヤツもいた。「心が貧しい人間」たちが、いわゆるエリートといわれる人たちのなかに少なからずいる。

きみたちには、こんなおとなには絶対なってほしくない。

「インテリゲンツィア」をめざそう

「知識人」ということばがあるね。ロシアに、ニコライ・ベルジャーエフっていう偉い宗教学者がいるんだけど、この人によると、知識人にはふたつのタイプがある。**「インテレクチュアル」**と**「インテリゲンツィア」**だ。舌を噛《か》みそうになるかもしれないけど、がまんして聞いてほしい。

インテレクチュアルとは、高度な教育をうけ知識も豊富だけれども、世の中の動きにあまり関心がなく、「象牙《ぞうげ》の塔《とう》」みたいなところにこもってコツコツ研究をつづけるようなタイプの知識人のこと。ひところの大学の先生にはこんなタイプが多かった。それにたいしてインテリゲンツィアのほうは、豊富な知識をもっているだけではなく、その知識を社会のためにいかそうとする知識人のことなんだ。

ぼくが言いたいことは、もうわかるよね。偏差値エリートはインテレクチュアルかもしれないけど、全員がインテリゲンツィアというわけではない。いま話したように、偏差値は高くとも、「貧しい人」だってたくさんいる。

だからきみには、ぜひインテリゲンツィアをめざしてほしいんだ。「知識人になるなんてぜったいにムリ」と思うかもしれないね。おおげさに考える必要はないよ。くりかえすけれど、学びのカタチを身につければ、勉強することがどんどん楽しくなる。知識をしっかりと自分のものにすれば、人間が豊かになる。豊かになれば、人の気持ちになって考えることができる、思いやりのある人間になれる。そうなれば、インテリゲンツィアの資格はじゅうぶんだ。

インテリゲンツィアとは、「自分の知識を社会のためにいかそうとする人」って言ったよね。これもおおげさに考える必要はない。友だちや後輩に、自分の知識や考えを伝えてあげる。おもしろいと思う本があったら、自分ひとりで独占せずに、友だちにも教えてあげる。勉強のしかたで悩んでいる後輩がいたら、自分の経験をふまえてアドバイスをしてあげる。そして、きみがおとなになったら、優くんが中学生のときに出会った「師」のように、ぜひ下の世代に自分の知識を手渡してほしいんだ。

知識や考えは、自分のためだけに使うものじゃない。とうぜん、偏差値を上げるためだけのものでも、試験にうかるためだけのものでもない。**知識は、人のために使ってこそ意味がある。**

ぼくのいう「知識」をせまい意味でとらえる必要はないよ。主要5教科の勉強が苦手でも、音楽が大好きで、友だちとバンドを組んでライブ活動をする。そんなきみがつくった曲を聴いて、まわりの人たちが幸せな気分になるとしたら、すばらしいことだ。サッカーが得意なきみは、おとなになると会社が休みの日に、近所の子どもたちを集めて無料のサッカー教室を開く。指導した子たちのサッカー技術がめきめき上達していくのを見て、きみも幸せになる。とてもすてきなことだ。

そんなきみたちは、立派なインテリゲンツィアだ。

きみたちのまわりにだって、「師」がきっといるはずだ。師は、知識を無償《むしょう》で伝えてくれる。そういう人とめぐりあえたら、その縁をなによりも大切にしてほしいんだ。若いうちは、師の厚意《こうい》をそのまま受け取ろう。

そのかわり、きみがおとなになったとき、きみがだれかの師となって、いままで与えてもらったものを手渡してほしい。

学びのカタチというのは、そうやって人から人へとバトンタッチしていくものなんだ。

本・WEBリスト

本書で取り上げた本とWEBサイトを目的別にまとめました

本

勉強に役立つ本

- 野矢茂樹『増補版　大人のための国語ゼミ』筑摩書房
- 澤田昭夫『論文の書き方』講談社学術文庫
- 遅塚忠躬『フランス革命――歴史における劇薬』岩波ジュニア新書
- 長谷川孝士監修、柳川創造構成、小杉彰、佐藤由美子、巴里夫、森有子漫画『百人一首くもんのまんがおもしろ大事典』くもん出版
- ハンス・マグヌス・エンツェンスベルガー著、ロートラウト・ズザンネ・ベルナー画『数の悪魔――算数・数学が楽しくなる12夜』（丘沢静也訳）、晶文社
- 池上彰『14歳からのお金の話』マガジンハウス

●池上彰『池上彰の世界の見方――15歳に語る現代世界の最前線』小学館
●E・T・ベル『数学をつくった人びと（Ⅰ～Ⅲ）』（田中勇、銀林浩訳）、ハヤカワ文庫NF

教科学習に役立つ本

●出口汪『出口汪の新日本語トレーニング』（「基礎国語力編（上・下）」「基礎読解力編（上・下）」「実践読解力編（上・下）」）、小学館
●出口汪『システム中学国語』（「論理入門編」「論理完成編」）、水王舎
●『スーパーステップ くもんの中学英文法――中学1～3年 基礎から受験まで』くもん出版
●墺タカユキ編著ほか『総合英語Evergreen』いいずな書店
●高橋一雄『増補改訂版 語りかける高校数学 数Ⅰ編』ベレ出版
●芳沢光雄『生き抜くための高校数学――高校数学の全範囲の基礎が完璧にわかる本』日本図書センター

世の中を知る本

●佐藤優『国家の罠――外務省のラスプーチンと呼ばれて』新潮文庫

●デニス・ブーキン、カミール・グーリーイェヴ『KGBスパイ式記憶術』(岡本麻左子訳)、水王舎
●新井紀子『AI vs. 教科書が読めない子どもたち』東洋経済新報社
●佐藤優著、原泰久原作『武器を磨け——弱者の戦略教科書『キングダム』』SB新書

勉強が楽しくなるマンガ

●白井カイウ原作、出水ぽすか作画『約束のネバーランド』集英社
●小山宙哉『宇宙兄弟』講談社
●香川まさひと原作、若狭星作画『ましろ日』小学館
●原泰久『キングダム』集英社
●横山光輝『三国志』潮出版社
●池田理代子『ベルサイユのばら』集英社文庫
●末次由紀『ちはやふる』講談社
●[マンガ日本の古典シリーズ]
水木しげる『今昔物語』、さいとう・たかを『太平記』、竹宮惠子『吾妻鏡』中公文庫
●タテノカズヒロ『数学と文系ちゃん——役に立つ数学のススメ』少年画報社
●石川雅之『もやしもん』講談社

●清水茜『はたらく細胞』講談社

心を学ぶ小説

●筒井康隆『時をかける少女』角川文庫
●あさのあつこ『バッテリー』角川文庫
●綿谷りさ『蹴りたい背中』河出文庫
●宮下奈都『羊と鋼の森』文春文庫

好奇心を育てる図鑑

●加藤由子、渡部潤一、中村尚ほか監修・指導『小学館の図鑑NEO＋ぷらす　くらべる図鑑［新版］』小学館
●グレアム・ロートン著、ジェニファー・ダニエル絵『New Scientist 起源図鑑　ビッグバンからへそのゴマまで、ほとんどあらゆることの歴史』（佐藤やえ訳）、ディスカヴァー・トゥエンティワン

WEB

（本書掲載のURLは2019年10月現在のものです）

教科学習に役立つサイト

●スタディサプリ（中学講座）
https://studysapuri.jp/course/junior/

インプットに役立つサイト

●NHK NEWS WEB
https://www3.nhk.or.jp/news/

●トップニュースが1からわかる
https://www3.nhk.or.jp/news/special/news_seminar/jiji/

●NHKラジオニュース読み上げページ
http://www.nhk.or.jp/radionews/read.html

佐藤 優　さとう・まさる

1960年、東京都生まれ。作家。埼玉県立浦和高等学校から、同志社大学神学部に進学。同大大学院神学研究科を終えて、85年に外務省に入る。ロシアとの外交に力を尽くしたが、2002年に背任容疑などで逮捕される。その経験を記した『国家の罠——外務省のラスプーチンと呼ばれて』（新潮文庫）で毎日出版文化賞特別賞を受賞。保釈後は、執筆活動に取りくむ。ソ連崩壊の過程を外交官としての目でまとめた『自壊する帝国』（新潮文庫）で、新潮ドキュメント賞、大宅壮一ノンフィクション賞を受賞。多数の著書のうち、本書の読者におすすめの作品は、『先生とわたし』（幻冬舎文庫）、『十五の夏（上・下）』（幻冬舎、梅棹忠夫・山と探検文学賞受賞）、『君たちが忘れてはいけないこと——未来のエリートとの対話』（新潮社）、『国語ゼミ——AI時代を生き抜く集中講義』（NHK出版新書）など。作家活動以外に、高校、大学などで講演、講義を精力的におこなう。

西原理恵子　さいばら・りえこ

1964年、高知県生まれ。マンガ家。武蔵野美術大学卒業。

88年、週刊ヤングサンデー「ちくろ幼稚園」でデビュー。97年『ぼくんち』（小学館）で文藝春秋漫画賞、2004年『毎日かあさん（カニ母編）』（毎日新聞出版）で文化庁メディア芸術祭マンガ部門優秀賞、05年『毎日かあさん』、『上京ものがたり』（小学館）で手塚治虫文化賞短編賞、11年『毎日かあさん』で日本漫画家協会賞参議院議長賞受賞。『りえさん手帖』（毎日新聞出版）、『ダーリンは73歳』（小学館）、『女の子が生きていくときに、覚えていてほしいこと』（KADOKAWA）など著書多数。

12歳からはじめよう
学びのカタチ
優くん式「成績アップ」5つの秘密

2019年10月25日　第1刷発行

著　者　　佐藤　優
絵　　西原理恵子
発行者　　森永公紀
発行所　　NHK出版
〒150-8081　東京都渋谷区宇田川町41-1
TEL　0570-002-151（編集）
0570-000-321（注文）
ホームページ　http://www.nhk-book.co.jp
振替 00110-1-49701
印刷・製本　廣済堂

Printed in Japan ISBN978-4-14-081800-8　C0037